VOUS SAUREZ TOUT SUR LE MOT MOT

*écrit sans mâcher
leurs mots
par Yves Hirschfeld
et Cécile Berriet*

DES MÊMES AUTEURS

CÉCILE BERRIET
Perles de la météo, Éditions Fortuna, 2016.
Drôles de dialogues, Éditions First, 2015.
@Bref_je_tweet

YVES HIRSCHFELD
Casse-moi l'os !, Hachette, 2017.
La grande encyclopédie de l'échec total, Z4 Éditions, 2016.
Traité de cons, ou la santé par la mort, Z4 Éditions, 2016.
Raison de peluches, Éditions Triartis, 2014.
Comment s'amuser en voiture quand on aime bien voyager en voiture mais que c'est un peu long, Thomas Jeunesse, 2013.
Comment faire dodo quand on n'a pas envie de faire dodo mais qu'on doit faire dodo quand même, Thomas jeunesse, 2010.
Éva rêvait, Éditions TriArtis, 2010.
À la fête des animaux, Thomas jeunesse, 2006.
Divers jeux d'humour littéraire, Éditions le Droit de Perdre, 2011-2018.
@Monpsyvite

AVANT PRO-MOTS

Les mots constituent le principal véhicule de notre pensée et c'est grâce à eux que nous sommes présumés surclasser le monde animal. Les mots bâtissent, renforcent, égratignent ou détruisent toutes les actions de nos vies selon qu'ils servent la poésie, le commerce, la communication, l'amour ou l'ultimatum guerrier.

Beaucoup de gens aiment à se délecter de l'origine d'un mot, de son étymologie, et chaque année paraît, dans le commerce, pléthore d'ouvrages de vulgarisation autour des expressions, locutions, etc. Mais le mot lui-même ? Le mot *mot* a-t-il déjà fait l'objet d'un ouvrage qui lui rendrait hommage ? À notre connaissance, non. Et nous sommes fiers de vous *glisser quelques mots* à propos des expressions incroyablement nombreuses qu'il a engendrées.

Nous vous proposons ici de naviguer avec passion et fantaisie sur la locution elle-même. Jugez plutôt ! Nous avons découvert à ce jour plus de 160 expressions qui emploient le mot *mot*. Le principe de cet ouvrage est de tenter d'en dégager leurs saveurs, leurs secrets, leurs origines et de traiter le sujet avec humour, au fil de notre inspiration.

En un mot comme en cent ou en un mot commençant, nous allons jouer avec ce mot qui nous a fourni tant de tournures syntaxiques, d'anecdotes ou de perles historiques.

Bienvenue à *Motmotland* !

LES PREMIERS MOTS

Qui se souvient objectivement du premier mot qu'il a prononcé au début de sa vie, juste après ses premiers gazouillis baveux et amphigouriques ?

D'après un sondage effectué auprès des pères de famille, il s'agirait du groupe de sons « pa-pa-pa-pa ! », où les papas reconnaissent sans conteste le mot *papa*.

D'après une autre étude, réalisée auprès des mères, ce serait plutôt « ma-ma, ma-man ! » que les mamans traduisent en toute logique par « maman tu es la plus belle, je t'ai toujours aimée depuis ma naissance et tu ne me verras jamais dans les bras d'une autre femme que toi ».

Enfin, d'après une dernière étude indépendante, tous les bébés naissent russes, puisqu'ils emploient le vocable « da », comme dans la phrase « da da daddad da ».

En fait, les premiers mots du petit d'homme s'apparentent davantage à des borborygmes qu'à de véritables locutions.

DE DEUX CHOSES LUNE

C'EST UN PETIT PAS POUR L'HOMME, UN GRAND PAS POUR L'HUMANITÉ

Voici les premiers mots, en anglais et en apensanteur (il maîtrisait les deux langues), de Neil Armstrong lorsqu'il fit ses premiers pas sur la Lune. Heureusement, ce n'était pas « areuh ma-mamaan ».

C'est qu'en réalité, l'acquisition du langage est un long parcours. Pour l'enfant, le premier mot revêt plus de sens qu'il n'en a pour l'adulte. Il est qualifié par les spécialistes de « mot phrase ». Chaque mot est un tout.

En prononçant le terme *maman*, le bébé peut aussi bien dire « voilà maman », « ravi de te voir », « il est temps de changer ma couche », « j'ai faim », « je veux jouer ». Plus rarement, « la dette de la France commence à prendre des proportions inquiétantes ». Aux parents de décoder la véritable intention que l'enfant met dans ses tout premiers mots, qui dépassent sa capacité d'expression.

La petite HISTOIRE

Surprise ! Saviez-vous que le mot *mot* n'est pas à l'origine un véritable mot… mais un son ? Comme le précise Alain Rey dans son *Dictionnaire historique de la langue française*, *mot* provient du latin *muttum* « grognement », « son », issu de l'onomatopée *mu* « murmure ». De ce grommellement à peine audible à la formation d'un vocable construit, le mot *mot* a subi une véritable mutation sémantique. Et c'est tant mieux pour nous ! Imaginez donc que le mot ne soit resté qu'à l'état de murmure, notre livre aurait été bouclé sans faire grand bruit…

Les incipits

Les premiers mots d'un roman, que l'on appelle l'*incipit,* sont souvent décisifs pour le futur lecteur car ils sont supposés provoquer le désir de poursuivre la lecture. Ainsi, un roman qui commencerait par « Paul cherchait une chaussette grise pouvant se marier avec sa chaussette veuve » ne marquerait pas particulièrement les esprits. Encore que...

A contrario, il est des œuvres littéraires dont les premiers mots ont tellement de poids qu'ils sont restés dans le souvenir de bien des lecteurs.

> « LONGTEMPS, JE ME SUIS COUCHÉ DE BONNE HEURE »
>
> Marcel Proust, *Du côté de chez Swann* (1913).

Traditionnellement, les incipits sont chargés de « planter le décor » : époque, lieux, personnages, action... Ici, il est plutôt question d'un autrefois non daté et non mesurable dans le temps. C'est la fin de la journée, période de repli solitaire, réservée au sommeil : on pressent aussitôt un voyage introspectif. La face du monde littéraire aurait-elle été bouleversée si Proust avait commencé son œuvre par « Avant, je me levais tard de bonheur » ?

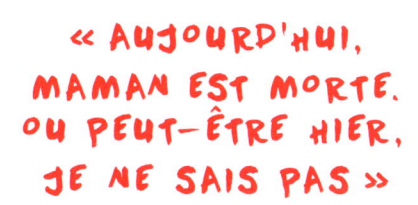

« AUJOURD'HUI, MAMAN EST MORTE. OU PEUT-ÊTRE HIER, JE NE SAIS PAS »

Albert Camus, *L'Étranger* (1942).

Aucun élément informatif sur les lieux et les personnages du récit n'est donné. Froid, distant, comme étranger aux évènements contés, le style est télégraphique, laconique… digne d'un rapport de médecin légiste. La portée de ces premiers mots – vous en conviendrez – serait bien moindre si on remplaçait « est morte » par « m'a fait des crêpes ».

« ÇA A DÉBUTÉ COMME ÇA »

Louis-Ferdinand Céline, *Voyage au bout de la nuit* (1932).

Direct, précis et même familier (contraction de *cela* en *ça*, répétition de *ça*), l'auteur nous plonge immédiatement dans un style oral. Ça interpelle, ça dérange, ça donne envie d'en savoir plus mais attention à celui qui n'aurait pas le talent de Céline, ça peut aussi devenir un voyage au bout de l'ennui !

« IL ÉTAIT UNE FOIS… »

Qui n'a jamais tenté d'endormir ses enfants par une histoire (connue ou inventée) commençant par ces quatre mots ? Sorte de clé magique, ils ont le pouvoir de plonger nos chères têtes blondes dans un univers merveilleux. Attention malgré tout à nos apprentis conteurs de ne pas sortir des codes de l'exercice… Quel chérubin supporterait qu'on lui raconte : « Il était une fois un contrôleur des impôts de la trésorerie principale de Bois-Colombes… » ?

LES MOTS D'ENFANTS

Qui n'a jamais été émerveillé par le génie des enfants et leur capacité à inventer des mots drôles, surprenants, touchants et souvent pleins de bon sens ?

Dans la littérature et surtout sur Internet, on trouve pléthore de mots d'enfants. Et de remarquables ! L'exercice qui consiste à pratiquer le copié-collé eut été facile pour vous les servir tout de go. Mais, au risque de dévoiler notre vie privée et l'immense talent de nos progénitures, nous avons préféré illustrer ce texte des mots de nos propres rejetons, neveux et nièces, filleuls et petits-enfants. C'est donc une exclu ! Vous ne les trouverez pas ailleurs !

Les mots de ces auteurs de trois à cinq ans sont maladroits, légers comme des bulles de savon, aussi agréables qu'une pluie d'été... Une véritable bouffée d'air frais !

Ceux qui mangent pas de viande, c'est des végétariens, donc ceux qui en mangent, c'est des végétatout ?

Je veux pas aller chez le dent-triste !

– Où tu vas, maman ?
– Faire une course.
– J'espère que tu vas gagner !

Toi, mamie, t'es une mammifère et toi grand-père, t'es un papifère !

Si la Terre est ronde, les gens, de l'autre côté, pourquoi ils tombent pas ?

– Papa, j'ai super froid. Regarde, j'ai la chair de coq.
– De poule !
– Ben non, de coq... je suis un garçon.

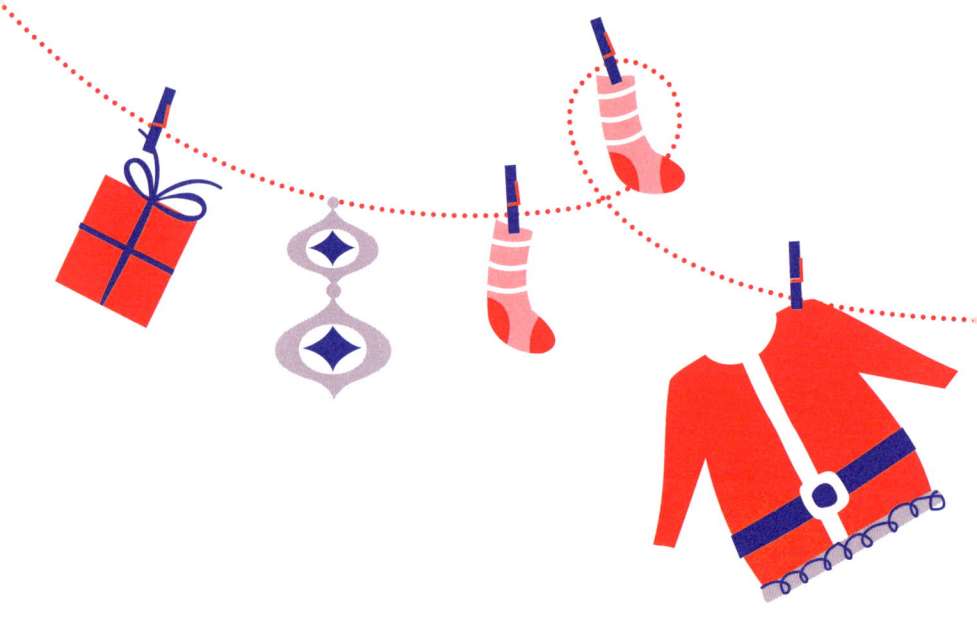

C'est entre deux et six ans que l'enfant acquiert progressivement son autonomie verbale et qu'il construit son langage. Naturellement enclin à l'apprentissage, il fait preuve de beaucoup de curiosité, d'inventivité et de liberté de pensée, qui se traduisent parfois par d'incroyables – et involontaires – mots d'esprit.

C'est que, dans leurs jeunes cerveaux, les informations déboulent de partout. Ils découvrent tant de situations nouvelles ! Mais ils manquent encore d'expériences comparatives et de vocabulaire pour développer une pensée définitivement structurée, comme celle des adultes.

Alors, ils s'arrangent, ils se débrouillent, ils bricolent avec leurs poignées de mots acquis et les images que ces situations leur évoquent. Et puis… ils vous résument tout ça, sans filtre, en un paquet cadeau explosif, drôle et souvent poétique. Ou naïvement impertinent, car pertinent.

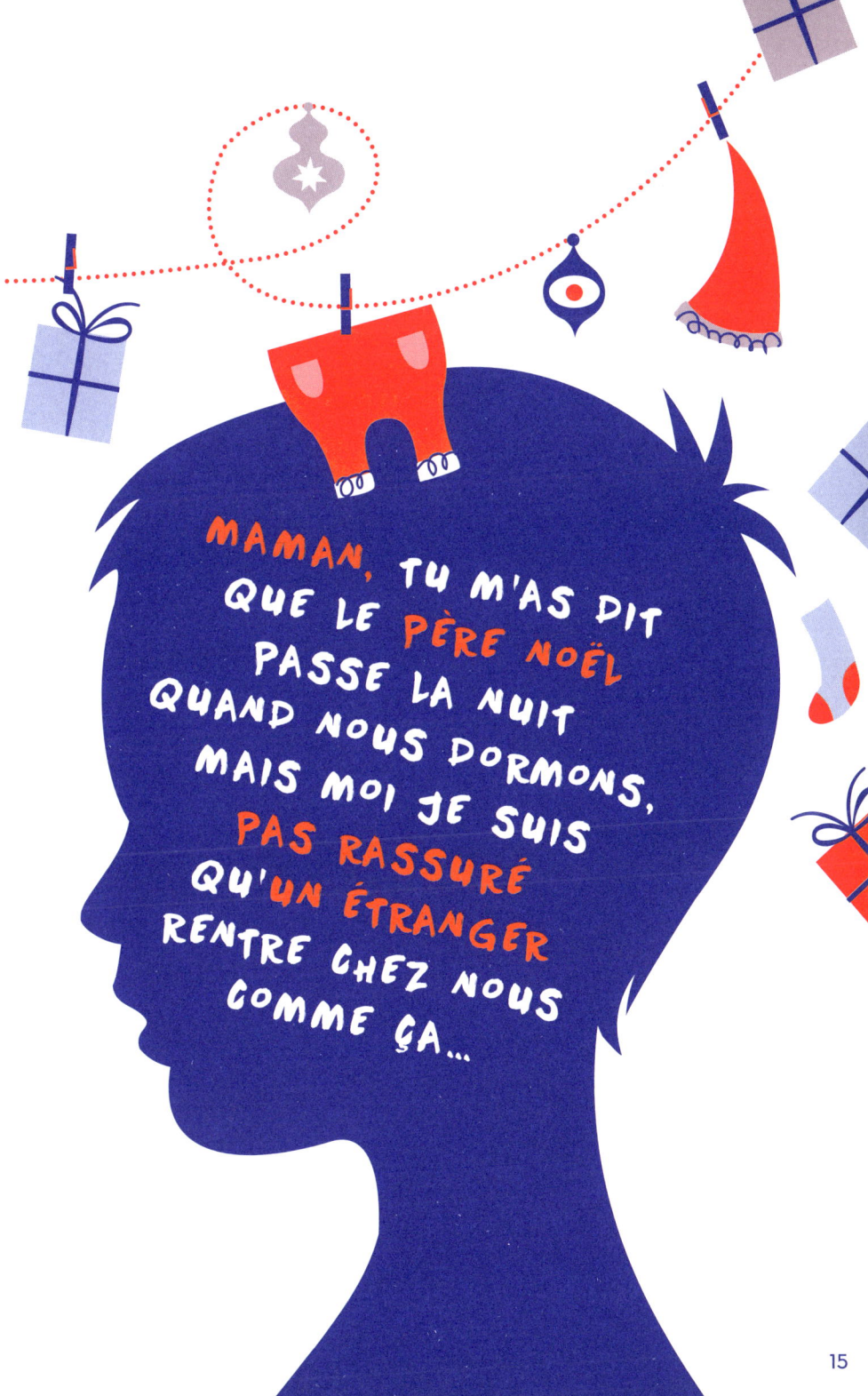

Si la naïveté des mots d'enfants nous enchante, les mots de ceux qui sont encore des enfants, plus grands néanmoins et que l'on nomme les cancres, nous amusent aussi à leur façon. Leur manque de concentration, leurs ratés à l'école génèrent des perles de leçons mal apprises et mal digérées, et donc effroyablement restituées. En 1962, Jean-Charles, un auteur qui se rendit célèbre grâce à son ouvrage *La Foire aux cancres*, nous offrit cette myriade de bizarreries glanées dans des devoirs consacrés à la vache.

« La vache est un mammifère dont les jambes arrivent jusqu'à terre. Dans sa tête, il y pousse environ deux yeux. »

« La vache a de longues oreilles d'âne. À côté sortent deux courbes de la tête. Derrière son dos, il y a aussi quelque chose : la queue, avec un bout pour chasser les mouches. »

L'auteur précise qu'en général, les élèves (cancres ou non) ont souvent de l'humour. Dans le couloir d'un collège était inscrit : DÉFENSE DE COURIR. Une main inconnue ajouta en dessous : SOUS PEINE DE POURSUITE.

> – POUVEZ-VOUS ME DÉCRIRE LE PRINCIPE D'ARCHIMÈDE ?
> – FACILE ! TOUT CORPS PLONGÉ DANS UN LIQUIDE, S'IL N'EST PAS REVENU À LA SURFACE AU BOUT D'UNE DEMI-HEURE, DOIT ÊTRE CONSIDÉRÉ COMME PERDU.

PRIS EN FAUTES

LES MOTS BLEUS

Chacun se souvient de cette chanson mythique de Christophe, sortie en 1974, magnifiquement reprise en 1992 par Alain Bashung, de façon plus confidentielle par Thierry Amiel en 2003, et plus récemment par Josette à une soirée karaoké au camping des Flots bleus (tiens donc !), à Palavas-les-Flots :

> « Je lui dirai les mots bleus
> Les mots qu'on dit avec les yeux
> Je lui dirai tous les mots bleus
> Tous ceux qui rendent les gens heureux
> Tous les mots bleus
> Tous les mots bleus »

Arrêtons-nous un instant sur les paroles de cette ballade mystico-romantique. En quoi les mots pourraient-ils avoir une couleur, surtout lorsqu'ils sont prononcés ?

Nous sommes là dans le domaine de la *synesthésie*. Quésaco ? *Le Petit Robert* dit que la synesthésie est « un trouble de la perception sensorielle caractérisé par la perception d'une sensation supplémentaire à celle perçue normalement, dans une autre région du corps ou concernant un autre domaine sensoriel ». Dans les synesthésies « graphèmes-couleurs », les lettres de l'alphabet mais aussi les chiffres sont perçus en couleur. Nous imaginons aisément que les personnes atteintes de synesthésie en voient de toutes les couleurs. En effet, tout n'est pas rose dans le monde du mot *bleu*.

50 NUANCES DE BLEUS OPTIMISTES

Un Casque bleu

Soldat de la paix dont le casque est aux couleurs de l'ONU.

La petite pilule bleue

Qui vivra Viagra !

Allez les bleus (victoire) !

Expression de joie lorsque l'équipe nationale de n'importe quel sport collectif se montre tout à fait à la hauteur.

NDA : expression rarement utilisée pour encourager la police !

Avoir le sang bleu

Cette expression datant de l'Ancien Régime fait référence à la noblesse qui – selon les canons de beauté de l'époque – avait une peau fine et claire laissant apparaître les veines.

Être fleur bleue
Se dit de quelqu'un de romantique, de sentimental, quelque peu naïf et teinté de mél-Ancolie. C'était notre petite explication à l'eau de rose.

L'heure bleue
Instant à la tombée de la nuit où le ciel se teinte d'un bleu foncé, parfois également nommé « entre chien et loup ».

La grande bleue
Métaphore pour désigner la mer Méditerranée en opposition au grand bleu, représentant l'océan Atlantique.

Un cordon-bleu
L'histoire ne dit pas comment cette expression employée pour qualifier un très bon cuisinier sert à désigner aujourd'hui une escalope panée garnie de jambon et de fromage.

Avoir un bleu

Manière colorée de décrire une ecchymose de la peau passant progressivement par les couleurs rouge, violette, noire, bleue, jaune et verte. À quel moment du processus a-t-on décidé que l'hématome devait être bleu ?

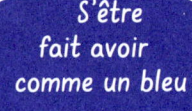

S'être fait avoir comme un bleu

Un bleu désigne quelqu'un qui n'a pas d'expérience. Voir *bleu-bite*.

Allez les bleus (défaite) !

Expression de colère lorsque l'équipe nationale de n'importe quel sport collectif ne se montre pas à la hauteur.

Une peur bleue

Synonyme de grande peur, cette expression tire son origine du domaine médical et des effets du choléra, qui provoque une cyanose de la peau caractérisée par une diminution de la teneur en oxygène du sang. Une coloration bleu pâle des lèvres et des extrémités apparaît, qui donne au visage un air effrayant.

Un bleu-bite

Expression issue de l'argot militaire du début du XIXe siècle pour désigner une jeune recrue dont la tenue était bleue, et dont on passait la verge au bleu de méthylène en guise de bizutage… Bite viendrait d'un mot régional (et non génital) suisse, bisteau (jeune apprenti).

Une colère bleue

Colère intense. Moins forte qu'une colère noire mais qui peut vous rendre vert de rage !

50 NUANCES DE BLEUS PESSIMISTES

N'y voir que du bleu

Se laisser tromper. Provient des *Contes bleus* qui, narrant des récits fantastiques et des histoires à dormir debout, ont permis l'association de la couleur bleue au registre de l'illusion.

Avoir le blues (le bleu à l'âme)

Emprunté à l'anglais et synonyme de mélancolie, d'humeur sombre. Son équivalent québécois est « avoir les bleus » – idées noires garanties !

LES MOTS QUI CHANTENT

Faire chanter les mots, c'est d'abord maîtriser le vocabulaire pour utiliser les plus beaux. Or, pour donner de la mélodie à votre discours, il n'est pas nécessaire d'user de termes compliqués qui vous rendraient infatués.

Jouons un peu : dans ces deux phrases qui signifient la même chose, quelle est celle qui utilise des mots simples et chantants ? « L'existence nous entraîne parfois dans une intrication de conjonctures pernicieuses aux conséquences afflictionnelles. » ou « C'est la vie ! Avec son cortège d'épouvantes… » ?

Car les mots qui chantent sont parfois ceux de tous les jours, sobres et naturels, que le locuteur sait sélectionner pour sublimer sa pensée ou ses écrits. Ils nous offrent des images. Ne citons que ce passage de Marcel Pagnol dans *La Gloire de mon père* où l'accent du sud et la description simple nous font voyager en mots chantants :

« Le voisin attela son cheval, la tante enveloppa Augustine dans des châles, et nous voilà partis au petit trot, tandis que sur la crête des collines la moitié d'un grand soleil rouge nous regardait à travers les pins… »

Les mots chantent encore quand il s'agit de termes régionaux, gorgés du soleil de Provence : *pitchoun, farigoulette, oh fatche, ça m'escagasse, fan de chichourle* et *patin-couffin… Vé !* Ces mots, c'est de l'harmonie, *peuchère* (ou *cong*) !

On connaît la chanson

Nous avons composé un dialogue en compilant des extraits de chansons. Saurez-vous retrouver les interprètes de ces paroles ?

– Alors tu en es où avec Julien ?
– C'est le paradis : « il me dit des mots d'amour, des mots de tous les jours et ça me fait quelque chose »…
– Ouais… ben, fais gaffe c'est « encore des mots, toujours des mots, les mêmes mots ».
– Non je te jure ! Cette fois-ci, « j'ai compris tous les mots, j'ai bien compris, merci » mais le problème c'est que quand j'essaie de lui répondre « tous les mots qui m'viennent sont dérisoires » et « quand je lui crie : "Je t'aime", les mots se meurent dans l'écouteur » !
– Ma pauvre, je vois bien que « pendant qu'le monde avance, tu trouves pas bien tes mots. T'hésites entre tout dire et un drôle de silence » et même « si les mots sont usés, comme écrits à la craie », tu essaies de lui dire quelque chose. Lui, de son côté – à mon avis – il agit « sans comprendre la détresse des mots que t'envoies ».
– C'est exactement ça. Tu sais que parfois même, je me lève la nuit et « quand l'écran s'allume, je tape sur mon clavier tous les mots sans voix qu'on se dit avec les doigts ».
– À mon avis, votre problème, c'est qu'il t'a « privée de tous tes chants, il t'a vidée de tous tes mots » et qu'à chaque fois il te « parle comme on caresse de mots qui n'existent pas ».
– Ouais, t'as raison… Je sens que ça va mal finir, « à bout de mots, de rêves, je vais crier je t'aime, je t'aime ».
– Oui ! En gros, les mecs, tous les mêmes.
– Voilà.

Édith Piaf, La vie en rose/Dalida, Paroles, paroles/Céline Dion, Pour que tu m'aimes encore/Patrick Bruel, J'te l'dis quand même/Claude François, Le téléphone pleure/Patrick Bruel, Alors regarde/Johnny Hallyday, Je te promets/Daniel Balavoine, Tous les cris les SOS/Michel Polnareff, Goodbye Marylou/Serge Lama, Je suis malade/Patricia Kaas, Il me dit que je suis belle/Lara Fabian, Je t'aime

La petite HISTOIRE

Quoi de plus chantant que les comptines pour enfants ? Si ce n'est que les comptines ne sont pas vraiment des chansons mais plutôt des petites histoires scandées (*comptine* vient de *compter*) et transmises par voie orale. Ce sont les Anglais qui ont commencé à établir des recueils de comptines (vers 1874) sous le nom de « *nursery rhymes* ». Mais si certains de ces poèmes rythmés ont été conçus pour amuser les plus petits, en France, pays du double sens, d'autres seraient de terribles chants révolutionnaires ou parfois d'obscènes rengaines aux allusions bel et bien grivoises.

Au clair de la Lune

Cette chanson du XVIIIe siècle évoquerait la prostitution : le héros cherche comment rallumer sa chandelle qui ne serait pas la petite bougie pour éclairer on ne sait quel lieu mais sa verge en demande de flamme…

Une souris verte

Pauvre souris trempée dans l'huile, puis dans l'eau pour en faire un escargot tout chaud… Déjà bien barbare ! En réalité, la souris désignerait un soldat vendéen, dont le costume était vert, capturé par les républicains et atrocement torturé.

Il court, il court, le furet

Ne vous y fiez pas ! Cette charmante comptine serait truffée de cochonneries anticléricales. Témoin le refrain qui propose une contre-pèterie bien insolente : « Il court, il court le furet » (« Il fourre, il fourre, le curé »).

À la claire fontaine

« C'est de mon ami Pierre, qui ne veut plus m'aimer, pour un bouton de rose, que je lui refusai. » L'allusion saute aux yeux. Pierre souhaite fricoter avec la jeune femme qui refuse… Il en conçoit de la frustration. #BalanceTonPorc.

LES MOTS QUI RIMENT

Faire rimer les mots est l'exercice, sinon le plaisir gourmand, de nombre de poètes, d'auteurs de chansons et, beaucoup plus rarement aujourd'hui, d'auteurs de pièces de théâtre. Ce qui n'est plus la norme de nos jours l'était rigoureusement par le passé. Dans la première moitié du XVIIe siècle, apparaissait une poésie baroque et précieuse qui laissa la place au classicisme, extrêmement rigoureux. On ne rigolait pas avec l'alternance des rimes féminines (mots qui se terminent en *e*) et masculines (qui se terminent par un son autre que *e*) et l'on ne pouvait se présenter comme poète que si l'on maniait à la perfection l'homophonie, le sonnet, l'alexandrin, les rimes plates, croisées, redoublées, les toniques, les dodécasyllabes, les hémistiches... et toutes sortes de règles drastiques pour sublimer « la musique » d'un poème.

On vous en passe, amis, et vraiment des meilleures,
Ce sujet, tout en vers, cela prendrait des heures.

(les auteurs, qui viennent de versifier par inadvertance.)

La petite HISTOIRE

On pourrait citer à l'infini des noms d'écrivains immenses. Pour le croustillant de l'histoire, on se souviendra seulement de Victor Hugo qui avait une telle facilité à composer des vers aux rimes parfaites, qu'au lycée, il rendit un jour une dissertation entièrement en alexandrins. Son professeur, subjugué, lui en demanda la raison. Notre tout jeune auteur lui répondit : « Pardonnez-moi Monsieur, je n'ai pas eu le temps de la faire en prose. »

epuis quelques décennies, osons l'avouer, la rime parfaite n'est plus exigée en chanson. Les exemples de rimes approximatives ou volontairement bancales sont légion...

Dès que le vent soufflera
Je repartira
Dès que les vents tourneront
nous nous en allerons... (de requin)
Renaud, « Dès que le vent soufflera », 1983.

... ainsi que celles qui accrochent ou passent à l'arrache...

Où c'est qu'il était son papy
et son pépère où c'est qu'est ti
Où c'est qu'il était le Youki
Le gentil Kiki à mamie
Richard Gotainer, « Le Youki », 1995.

... quand elles ne sont pas tout bonnement bafouées ou absentes. Et paf ! Au hasard, nous revient une chanson à la popularité incontestable que tout le monde sait encore fredonner. On perçoit bien ici que le parolier a commencé à rimer sagement, puis, pris par la brûlure de l'écriture, en a oublié l'exercice.

Terre brûlée au vent
Des landes de pierre,
Autour des lacs,
C'est pour les vivants
Un peu d'enfer,
Le Connemara
[...]
On y vit aussi
Au temps des Gaels
Et de Cromwell
Au rythme des pluies
Et du soleil
Au pas des chevaux
Michel Sardou, « Les Lacs du Connemara », 1981.

Ce qui n'empêche pas quelques chefs-d'œuvre impérissables comme par exemple ceux qui utilisent la rime empérière (ou impératrice), dont le son est répété trois fois.

> *Tout s'en va, tout se meurt*
> *Tu ne crois plus à notre bonheur*
> *Et tu deviens sans raison ni cause*
> *Nerveuse et morose, Rose, Rose...*
> Charles Aznavour, « Tout s'en va », 1968.

Et si Claude Nougaro rend hommage au beau style rimé...

> *J'aime la vie quand elle rime à quelque chose*
> *J'aime les épines quand elles riment avec la rose*
> *J'aimerais même la mort si j'en sais la cause*
> *Rimes ou prose*
> Claude Nougaro, « Rimes », 1981.

... le fabuleux Jules Renard, quant à lui, en fait l'analyse suivante dans son journal : « J'ai horreur de la rime. Surtout en prose. »

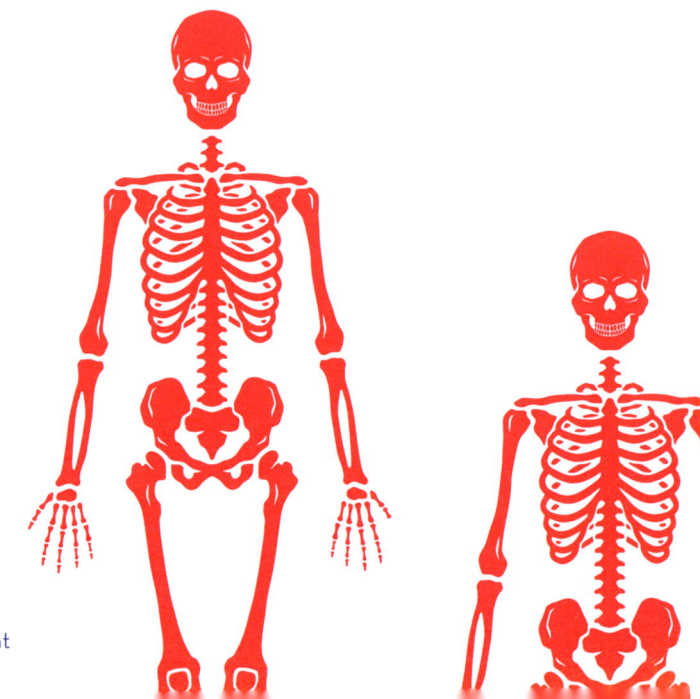

La petite HISTOIRE

À tous les auteurs prolixes qui suent sang et eau pour composer des vers chantés ou autres sonnets des plus fins, apprenez que les mots *simple*, *quatorze*, *meurtre*, *triomphe*, *larve*, *monstre*, *goinfre*, *quinze*, *pauvre* et même *belge* ne riment avec aucun autre en français (courage, amis poètes, il y en a une poignée d'autres…) ! Notez également que le mot *squelette* est le seul mot masculin qui se finit en *-ette* et que les mots *délice*, *amour* et *orgue* sont masculins au singulier et féminins au pluriel – drôle de genre… Et pour corser le tout, que penser des mots qui s'écrivent de la même façon mais dont la prononciation diffère ? Si visuellement la rime est parfaite, à l'oral elle serait désastreuse.

Les nonnes sortent du couvent.
Dans la ferme les poules couvent.
À la sortie de l'école, j'ai réprimandé mon fils.
Sa veste n'a plus de boutons, ne reste que des fils.

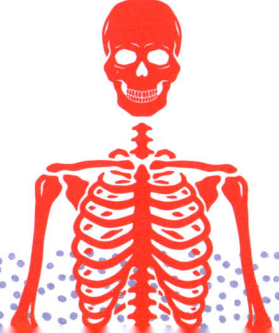
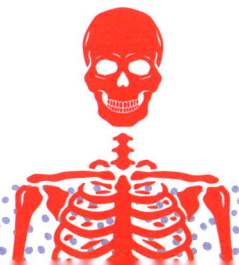

LES MOTS D'ENCOURAGEMENT

Noël est parfois un parcours semé d'en-bûches

PEUR NOËL

JE PEUX PAS JE PEUX PAS
ÇA VA ÊTRE A TOI !
PUTAIN, DE TRAC !
ALLEZ ! MERDE ! MERDE !
ILS SONT NOMBREUX ?
TU VAS ETRE EXCELLENT

LES MOTS D'AMOUR

Depuis toujours, l'amour a engendré des mots magnifiques, que ce soit dans des lettres, des poèmes, des romans, des scènes de cinéma, des pièces de théâtre, des chansons ou de simples déclarations et des paroles chuchotées dans le secret de l'alcôve. Peut-être même bien au creux des lits où se jouent de doux délits…

Vous en trouverez, aux pages suivantes, sans classement, sans chronologie, sans analyse fastidieuse… petits joyaux glanés dans nos archives : jolis mots d'amour, divins billets doux et sublimes déclarations enflammées.

> DEPUIS LE TEMPS QUE L'AMOUR EST DANS LE PRÉ, IL N'Y A PERSONNE QUI A PENSÉ À LE RÉCOLTER ?

DORMIR EN CHIEN DE FUSIL

Je t'aime, c'est tout ce qu'il y a à dire.
Orson Welles à Rita Hayworth

Je suis plein du silence assourdissant d'aimer.
Louis Aragon

Chérie je t'aime, chérie je t'adore, como la salsa de pomodoro.
Bob Azzam, « Chérie je t'aime, chérie je t'adore »

AMOUR BOURRIN

Vous êtes ma vie, mon âme, mon éternel désir, mon adoration que rien ne lasse et ne rebute.
Théophile Gautier à Carlotta Grisi

Laisse-moi t'aimer toute une nuit
Laisse-moi toute une nuit
Faire avec toi le plus long
le plus beau voyage, oh wow wow
Veux-tu le faire aussi ?
Mike Brant, « Laisse-moi t'aimer »

Je t'aime le lundi,
Je t'aime le mardi,
Je t'aime le mercredi,
Et les autres jours aussi.
Edouardo, « Je t'aime le lundi »

Pour moi, tu es plus moi que moi-même.
Victor Hugo à Juliette Drouet

40 Les mots d'amour

> Te voir partir c'était comme si je tombais dans un vide et toi dans un autre. Je n'existe que par toi.
> **Jean Cocteau à Jean Marais**

> Je vous aime tellement que ce que vous êtes rejaillit sur moi.
> **Arthur Miller à Marilyn Monroe**

> Besoin de rien, envie de toi
> **Peter et Sloane**

> Je t'aime à pleine âme.
> **Sarah Bernhardt à Jean Mounet-Sully**

> Nos corps, doux instruments de nos jouissances, n'auraient que des plaisirs communs sans cet amour divin qui les rend sublimes.
> **Beaumarchais à Amélie Houret de La Morinaie**

> Je mourrai en t'aimant.
> **Alfred de Musset à George Sand**

AMOUR DIVIN

> Vous m'avez donné une belle vie heureuse et pleine où tout ce qui m'arrive est heureux parce que vous existez. Merci, mon amour.
> **Jean-Paul Sartre à Simone de Beauvoir**

> J'ai attrapé un coup de soleil Un coup d'amour, un coup d'je t'aime.
> **Richard Cocciante, « Le coup de soleil »**

Afin de varier les plaisirs, il existe des figures de style qui en disent bien plus qu'un simple « je t'aime ». En affirmant le contraire de ce que l'on pense (c'est l'antiphrase) ou en atténuant le propos pour laisser entendre davantage (la litote), ces pirouettes lexicales transcendent le discours amoureux.

L'AMOUR, C'EST GRAVE STYLÉ

Citons cette réplique fougueuse de Danielle Darrieux à Vittorio de Sica : « Je ne vous aime pas ! Je ne vous aime pas ! Je ne vous aime pas ! » (*Madame de…*, film de Max Ophüls). Sans oublier la célèbre réponse de Chimène à Rodrigue : « Va, je ne te hais point. » (Corneille, *Le Cid*).

> L'AMOUR EST ÉTERNEL, TANT QU'IL DURE…
> **Henri de Régnier**

De la tête aux pieds

Voici un merveilleux acrostiche (où il convient de lire de haut en bas) d'Alfred de Musset, fou amoureux de George Sand. Et la réponse, toute aussi savoureuse de la poétesse.

ALFRED DE MUSSET À GEORGE SAND

Quand je mets à vos pieds un éternel hommage
Voulez-vous qu'un instant je change de visage ?
Vous avez capturé les sentiments d'un cœur
Que pour vous adorer forma le Créateur.
Je vous chéris, amour, et ma plume en délire
Couche sur le papier ce que je n'ose dire.
Avec soin, de mes vers lisez les premiers mots
Vous saurez quel remède apporter à mes maux.

RÉPONSE DE GEORGE SAND

Cette insigne faveur que votre cœur réclame
Nuit à ma renommée et répugne à mon âme.

D'où vient qu'en français, on emploie le même et unique verbe pour affirmer aimer le reblochon ou... son mari ? On va même jusqu'à dire qu'on « aimerait » savoir où se trouvent les toilettes ! En espagnol, on dira volontiers « *Te quiero mi corazón* » pour dire « je t'aime mon amour » mais « *a mi me gusta el reblochón* » pour nommer son goût du fromage. La nuance y est de mise, comme dans bien d'autres langues. Par exemple, en anglais, où la manifestation d'amour (« *I love you* ») est bien distincte de celle de l'amitié ou de l'affection (« *I like my friends* ») ou encore de celle du plaisir (« *I enjoy eating reblochon* »), c'est clair et on n'y perd pas son latin. Quoique ! En grec ancien, il existe quatre manières de nommer l'amour : *agapê* (pour l'amour divin, spirituel), *eros* (pour l'amour corporel), *storgê* (pour l'amour familial) et *philia* (pour l'amour bienveillant, amical)... nuances subtiles réservées aux forts en t'aime.

Est-ce à dire qu'en France, le pays le plus romantique, nous manquerions cruellement de mots pour clamer notre amour ? Parmi toutes ces déclarations, existerait-il réellement une échelle de valeurs entre l'officiel « je t'aime » et ses dérivés « je t'adore », « je tiens à toi », « je te chéris », « je t'ai dans la peau », « mon cœur s'enflamme pour toi », « tu es le soleil de mes nuits », « j'en pince pour toi », « j'te kiffe comme le reblochon » ? Peu importe car finalement, c'est juste l'intention, la sincérité, la manière de prononcer ces mots qui en valident l'authenticité. N'en faisons donc pas tout un fromage !

La petite HISTOIRE

Comment parler de mots d'amour sans évoquer Valentin, son plus éminent représentant ? Valentin serait un prêtre chrétien (IIIe siècle), mort pour avoir célébré des mariages dans la clandestinité. C'est en 1496 que Saint Valentin devient officiellement le saint patron des amoureux (sur décision du pape, excusez du peu), et célébré le 14 février. Mais l'explication la plus poétique et la plus populaire de cette date est qu'elle coïncide avec le début de la saison des amours chez les oiseaux : les prémices du printemps et la perspective des beaux jours sont en effet des conditions idéales pour roucouler !

DES *mots* QUI DÉTENDENT

LES MOTS CROISÉS

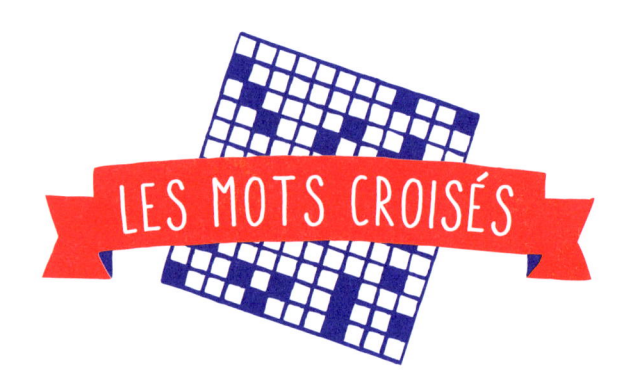

Un *cruciverbiste* est un amateur de mots croisés, alors qu'un *verbicruciste* en est le concepteur. Concluons qu'un *cruciverbicrusteur* ou qu'une *cruciverbicrustrice* (ne cherchez pas dans le dico…) est une personne qui se passionne pour la résolution des mots croisés et qui en est elle-même auteur (ou l'inverse). Mais cette terminologie volontairement maladroite n'est pas plus moche que le *mots-croisiste* qui avait cours à une époque. Et pourquoi pas les *croix-motistes* ou les *motscroiseuristes* ?

CASE DÉPART

L'histoire raconte que l'inventeur des mots croisés est un certain Arthur Wynne, gentleman et lord de son état. Au tout début du xxe siècle, ses *crosswords*, composés de grilles carrées, étaient limités dans leur conception. Un jour que notre créateur se retrouva tout emberlificoté dans l'une de ses propres grilles, sans pouvoir la terminer, il eut l'idée d'y ajouter une case noire entre deux mots. Dès lors, le succès de ce sport cérébral ne s'est jamais démenti. La difficulté d'une grille se mesure depuis par le taux de cases noires présentes.

C'est en 1925 que le journal *L'Excelsior* publie son premier *Mots en croix* afin de détendre ses lecteurs le dimanche. Triomphe immédiat !

NE CONFONDEZ PAS MOTS CROISÉS ET MOTS DE CROISÉS

En termes de record, la plus grande grille de mots croisés comporte 160 000 cases, 50 139 mots et définitions – réserve de crayons recommandée... La question que nous nous posons : qui est le plus malade ? Le concepteur de ce travail titanesque ou celui qui s'est lancé dans la résolution du problème ?

LA FOLIE DES GRANDS MOTS

Depuis leur création, les définitions de mots croisés étaient proches de celles du dictionnaire, mais un homme, célèbre pour son humour et sa culture, en changea résolument le principe. C'est Tristan Bernard qui, le premier, construisit des énigmes plus décalées, mystérieuses, subtiles, humoristiques et donna à l'exercice d'esprit un (non) sens que de grands verbicrucistes ont suivi. Jeux de mots, homonymies (mêmes sons mais sens différents) et polysémies (mots ayant plusieurs sens) sont autant d'artifices utilisés par ces génies de la linguistique pour entraîner les cruciverbistes – même confirmés – dans de fausses pistes.

— ET SINON TU ES ALLÉ AU CHAMPIONNAT DE FRANCE DES MOTS CROISÉS ?
— OUI, MAIS J'AI ÉTÉ BLOQUÉ À LA GRILLE...

La petite HISTOIRE

Des mots croisés aux mots codés, il n'y a qu'un pas. Lors du Débarquement en 1944, un officier des forces armées à Londres découvrit avec effroi que les noms de code du jour J (*Utah*, *Omaha*, *Neptune*, *Mulberry* et *Overlord*) figuraient dans les solutions des mots croisés du *Daily Telegraph* parus quelques jours auparavant. L'auteur de ces mots croisés – un professeur – fut interrogé sans que la trahison ne puisse être prouvée, mais la coïncidence paraît troublante…

Notons que certains verbicrucistes – incapables de finaliser leurs grilles – sont contraints d'utiliser de faux mots. Il s'agit de séries de lettres sans signification apparente nommées *chevilles*. L'auteur ne se l'étant pas foulée lui-même, il s'adonne à un « bricolage » hasardeux. Ainsi, répondant à la définition « Midi moins une » en trois lettres, l'amateur de mots croisés se verra proposer le (non) mot « Mid ». Dans cet exercice, les plus grands auteurs se distinguent, faisant passer ces petits arrangements verbaux pour une formidable figure de style. À titre d'exemple, prenons celui de Georges Perec qui sous la définition « Il lui manque effectivement une jambe » proposa le merveilleux « *Anputé* » – du pur génie ! Nous avons eu l'envie de réunir, en un petit florilège, les meilleures définitions de grilles d'auteurs. Alors… faites vos jeux !

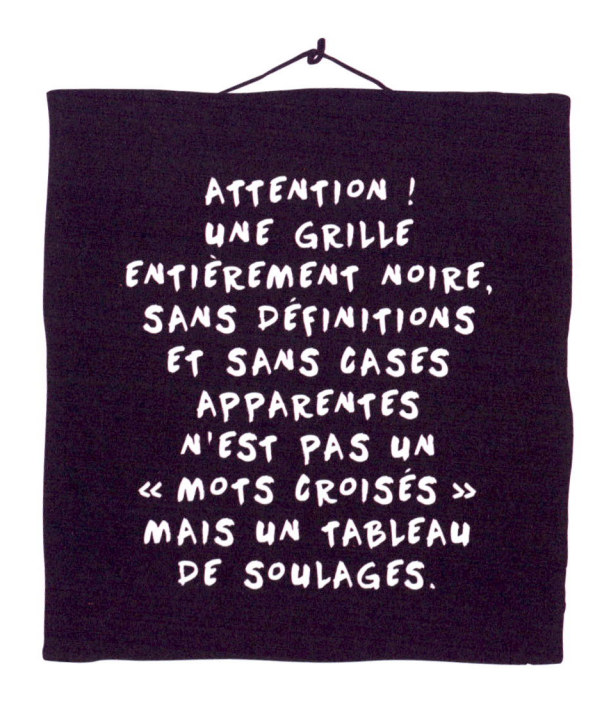

ATTENTION !
UNE GRILLE
ENTIÈREMENT NOIRE,
SANS DÉFINITIONS
ET SANS CASES
APPARENTES
N'EST PAS UN
« MOTS CROISÉS »
MAIS UN TABLEAU
DE SOULAGES.

Haute définition

HORIZONTALEMENT
A. Max Favalelli – Ne s'abaisse jamais devant quelqu'un d'important
B. Tristan Bernard – Arrive souvent au dernier acte
C. Tristan Bernard – Ne reste pas longtemps ingrat
D. Léo Campion – Matière à réflexion
E. Michel Laclos – Pièce qui prolonge la chambre
F. Tristan Bernard – Suit le cours des rivières
G. Georges Perec – C'est un beau rôle, même s'il faut le bûcher
H. Michel Laclos – Phoque en pointillé

VERTICALEMENT
1. Robert Scipion – Tube de rouge
2. Michel Laclos – Gare à la peinture
3. Robert Scipion – Du vieux avec du neuf
4. Michel Laclos – Point de vue
5. Jules Renard – Habitude prise de se reposer avant la fatigue
6. Tristan Bernard – Moins cher quand il est droit
7. Robert Scipion – Crevasse

A. Strapontin - B. Notaire - C. Âge - D. Glace - E. Rustine F. Diamantaire - G. Jeanne d'Arc - H. Morse - 1. Internationale - 2. Orsay - 3. Nonagénaire - 4. Cécile 5. Paresse - 6. Piano - 7. Morurusse

LES MOTS FLÉCHÉS

Le parcours du con-battu

NE PAS ÊTRE UNE FLÈCHE

LES JEUX DE MOTS

Même s'il est difficile d'identifier le premier homme qui un jour eut l'idée de jouer avec les sonorités pour en transformer le sens, on imagine bien que les jeux de mots sont aussi anciens que le langage. On en trouve d'ailleurs des traces en Égypte ancienne (du Pirée du meilleur), en Chine (où il fait un froid de canard laqué), en Irak (ça Mossoul de chercher), chez les Mayas (c'est Inca de figure), au Japon (nippons ni mauvais) ou chez les Tamouls (qui sont ex-Ceylan). Oui, le phénomène du jeu de mots est vieux mais il est essentiel car il crée du lien par le sourire, il sublime des pensées en triturant les sonorités pour en transformer le sens. Le jeu de mots, c'est très sérieux.

Comme le dit la célèbre réplique du film *Le Bon, la Brute et le Truand* (Sergio Leone) : « Tu vois, le monde est divisé en deux catégories, ceux qui ont un pistolet chargé et ceux qui creusent. Toi, tu creuses. », on pourrait affirmer que le monde est divisé en deux catégories, ceux qui pratiquent l'art du jeu de mots avec efficacité et... ceux qui creusent, qui s'enfoncent, jusqu'à disparaître sous terre.

Mais sérions les sujets et tentons une approche sociologique, quasi scientifique, des amateurs de jeux de mots. Nous distinguerons les créateurs (que nous nommerons « *jeudemotistes* ») et leurs auditeurs (que nous nommerons donc... « *auditeurs* »), qui en apprécient – plus ou moins – l'efficacité.

J'AI PASSÉ UNE BLAGUE À TABAC MAIS ELLE N'A JAMAIS VOULU AVOUER !

#RienNeFiltre

L'artiste

Il se lance toujours à bon escient, c'est-à-dire rarement. Mais la qualité est au rendez-vous. Il élève souvent l'art du jeu de mots au rang du sublime.

Se coucher tard, nuit.
(Raymond Devos)

Le fatigant

Un mécanisme se déclenche un peu en permanence dans son esprit. Tout est matière à jouer avec les mots. Ce n'est pas forcément mauvais, mais c'est un peu trop fréquent quand ce n'est pas tout bonnement exaspérant.

Cyclope : gros fumeur ne fermant pas l'œil de la nuit.

L'élégant

Il sait rebondir et asséner des jeux de mots aux moments opportuns. La qualité est toujours de mise et même si la boutade est grossière, elle a du sens et de la profondeur.

Est-ce qu'un gardien de nuit peut mettre fin à ses jours ?

Le pas bon

Spécialiste des jeux de mots laids, il en revendique parfois la vacuité, sinon l'indigence. Le problème est qu'il mitraille sans pudeur et sans honte. Autre tendance chez cet individu : il utilise avec la même gourmandise les plus éculés et rabâchés jeux de mots.

*J'ai fait des recherches Internet toute la **nuit**... maintenant j'ai la Google de bois.*

LES JEUDEMOTISTES

Le rieur (Mouahaha !)

Tantôt élégant, fatigant, pas bon ou artiste, il est affublé d'un terrible défaut. Quelle que soit la qualité de ses saillies, il en rigole lui-même, d'un rire tonitruant qui crispe l'auditoire et engendre un flop immédiat.

*Qu'est-ce qui tombe sans faire de bruit ? La **nuit** !*

LES AUDITEURS

Le renchérisseur

Adepte du jeu de mots,
il n'est pas toujours très doué
pour en trouver lui-même
mais a la manie d'en rajouter
un nouveau lorsque son interlocuteur
vient d'en formuler un –
il veut avoir le dernier (jeu de) mot.

L'admirateur

Le plus souvent incapable d'en inventer,
il constitue un excellent public et apprécie
grandement ceux qui savent en user.
Son mode d'arbitrage s'écrit « Rhooooo ! ».
Il convient de distinguer le « Rhoooo ! »
enthousiaste et le « Rhooooo ! »
tempéré voire consterné.

L'hermétique

Il ne comprend pas. Ou rarement.
Il n'apprécie pas. Ou rarement.
De toute façon, il est contre,
si tant est que l'on puisse être
contre les jeux de mots.

Le faux-cul

Il n'aime pas par principe et considère
que le jeu de mot est à l'humour
ce que la confiture de fraise est
au jambon-beurre-cornichons. Et pourtant !
Il est le premier à rigoler lorsqu'il en juge
un très bon et se surprend parfois
à en sortir un lui-même.

Les jeux de mots

La petite HISTOIRE

Le marquis de Bièvre, capitaine des mousquetaires, était réputé pour son humour imparable. Au fait de son brillant esprit, Louis XVI souhaita le rencontrer et jauger de sa réputation d'homme d'esprit en lui demandant de faire un bon mot au débotté.
« – Sur quel sujet, Majesté ?
– N'importe. Sur moi, si vous voulez.
– Votre Majesté n'est pas un sujet. »

* * *

Le maréchal de Villars (1653-1734), ayant passé sa vie sur les champs de bataille, se couvrit d'honneur tout le long de sa carrière. Octogénaire, il commandait encore l'armée d'Italie et envahit le Milanais, puis prit Mantoue. En passant par Turin, il rendit ensuite visite à la reine de Sardaigne qui demanda au vieux soldat : « Quel âge avez-vous, Monsieur le maréchal ? Assurément, vous n'êtes pas aussi âgé qu'on le dit. » Le militaire de 80 ans rétorqua : « J'aurai bientôt Milan, Madame ».

S'il est bien un domaine où l'exercice du jeu de mots est devenu incontournable pour exciter la curiosité de ses lecteurs, c'est celui de la presse. Dans de nombreux journaux et particulièrement dans *Charlie Hebdo*, *Le Canard enchaîné*, *Libération* et *L'Équipe* (mais il y en a d'autres), des « unes » mémorables ont en effet marqué leur époque par des titres foudroyants à base de jeux de mots.

Le jour le plus NON

Libération, 2005
(54,86 % des Français ont voté contre la Constitution européenne en mai 2005)

J'IRAI DÉCROCHER LA UNE

Pelé : 3, France : 2
Victoire du Brésil contre la France

L'Équipe, 1963

« Ladie dies » :
La princesse de Galles est morte à 36 ans

Libération, 1997

Allez les gars,
ne vous laissez pas abattre !

Le Canard enchaîné, 2015
(Hommage du *Canard enchaîné* à Cabu et à *Charlie Hebdo*)

Les jeux de mots

La petite HISTOIRE

Alfred de Musset avait écrit le plus riche de son œuvre avant trente ans mais se laissa entraîner dans la débauche et l'alcool et tout particulièrement l'absinthe (aussi appelée « fée verte »), qui faisait des ravages à l'époque. Il côtoya Abel Villemain, élu comme lui à l'Académie française. Un jour, alors que Musset ne s'était pas rendu à temps à une réunion de travail de l'institut, Villemain s'écria « Le malheureux est d'une inexactitude sans nom. Voilà qu'il s'est encore 'absinthé' ! »

En matière de jeux de mots, on peut tout se permettre. Si l'auteur a recours volontairement à un certain nombre de procédés (comme l'homophonie par exemple), dans de nombreux cas, il utilise sans le savoir des figures savantes de rhétorique pour composer sa blague. Il y va alors à coups de prosthèses*, de paragoges*, d'anaptyxes*, de diérèses*, d'aphérèses*, d'apocopes*, de géminations*, de métathèses* et autres déglutinations qui sonnent surtout comme des maladies honteuses.

Qui pourrait vraiment s'imaginer que lorsque votre oncle Pierre vous bazarde à table « Mon peintre préféré c'est le Titien. Le Titien à sa mémère… », il pratique une sorte d'ellipse*, mâtinée de synérèse*, agrémentée de tmèse*, produisant une catachrèse* ? Disons plus prosaïquement qu'il fait un jeu de mots tout pourri et parfaitement éculé.

* voir les définitions de ces figures pages suivantes…

POUR NE PAS RISQUER UN ACCIDENT AU VOLANT AVEC UN ÉCLAT DE RIRE, INSTALLEZ DES AIR BLAGUES !

Les jeux de mots

La petite HISTOIRE

Raymond Queneau, dans ses *Exercices de style* (1947) raconte en 99 manières différentes la même petite saynète anodine. L'histoire se passe dans un bus. Queneau dépeint un jeune homme qui échange des mots vifs avec un passager. Un peu plus tard, nous retrouvons le protagoniste, cour de Rome, près de la gare Saint-Lazare. C'est tout ! Mais l'auteur décline cette banalité en usant de litotes, de métaphores et autres figures de rhétorique pour créer la surprise.

Exercice de style

Prosthèse : ajout d'une lettre ou d'une syllabe au début d'un mot qui n'en modifie pas son sens. Ex. : « Zun bjour hvers dmidi, dsur lla aplateforme zarrière zd'hun tautobus, gnon ploin ddu éparc Omonceaux » (Raymond Queneau, *Exercices de style*).

Paragoge : addition d'une lettre ou d'une syllabe à la fin d'un mot. Ex. : *avecque* pour *avec*. *Jusques* à quand…

Anaptyxe : ajout d'un phonème entre deux consonnes. Ex. : le *t* dit *euphonique* dans « où va-t-on ? » ou « Marie rentre-t-elle ce soir ? ».

Diérèse : prononciation dissociant deux voyelles en deux syllabes. Ex. : *plier* et *hier* se prononcent pli-er, hi-er.

Aphérèse : chute d'un ou plusieurs phonèmes au début d'un mot. Ex. : *car* pour *autocar*.

Apocope : chute d'un ou plusieurs phonèmes à la fin d'un mot. Ex. : *télé* pour *télévision*.

Gémination : redoublement d'un phonème ou d'une syllabe. Ex. : « la fifille à sa mémère ».

Métathèse : altération d'un mot par interversion d'un phonème ou d'une syllabe à l'intérieur de ce mot. Ex. : *pestacle* pour *spectacle*.

Ellipse : omission d'un ou de plusieurs mots dans une phrase qui reste cependant compréhensible. Ex. : « chacun pour soi » pour « chacun agit pour soi ».

Synérèse : prononciation de deux voyelles qui se touchent en une seule syllabe. Ex. : *lion* et *juin* ne se prononcent pas *li-on* et *ju-in*.

Tmèse : séparation de deux éléments d'un mot, habituellement liés et insertion d'un ou de plusieurs autres mots entre eux. Ex. : *lors même que* pour *lorsque*.

Catachrèse : figure de rhétorique détournant un mot de son sens propre. Ex. : « les pieds d'une table ».

Catégrorires

Vous vous en doutez, derrière ces amuseries, il est question d'une discipline de haute technicité, s'appuyant sur de nombreuses spécificités. Nous vous en livrons ici quelques-unes :

Approximation : art de faire des jeux de mots basés sur des sonorités proches, c'est-à-dire de l'à-peu-près.
1. Une pub pour une glace vendue à Noël : « Un goût qui vous laissera bûche bée. »
2. Une blague corse : « Pas de chauves à Ajaccio, mais à Calvi, si. »

Holorime : technique admirable de produire le même son en en changeant le sens – la rime étant constituée de l'ensemble du vers.

« Le maître et ses disciples, ils ont vaincu Loth.
Le maître essaie dix slips : ils ont vingt culottes »

« Tous à l'Opéra !
Tout salaud paiera »

(Marc Hillman, *Jeux de mots à vous dire*, 2015).

Incongru : jeu sur les sonorités. Ici, pas de mots triturés dans tous les sens. Les sons amènent des définitions spécieuses. Ex. :

Bucolique : (n. f. et adj.) Fâcheuse conséquence de l'absorption d'une eau polluée en milieu rural.
Comprimé : (n. m.) A mérité un cachet. Reçu au concours Lépine.
Compromis : (n. m.) Ancien mot pour *fiançailles*. « Compromis, choses dues », Coluche.
Pégase : (n. m.) Cheval à réaction.

Contrepèteries : exercice de style que les amoureux des jeux de mots affectionnent particulièrement. Il s'agit de déplacer certains phonèmes, lettres ou syllabes pour casser la phrase et en restructurer une nouvelle. Nombre de grands auteurs se sont adonnés à cette pratique qui n'est vraiment drôle que si elle devient salace. Allons-y, c'est cadeau :

1. « C'est ici qu'on a pendu le fuselage de l'aviatrice. »
2. « La cuvette est pleine de bouillon. »
3. « Que de gîtes la pauvre femme habita ! »
4. « Le Pont Neuf fait soixante pieds. »

Et pour finir, un des rares qui ne soit pas grossier :
5. « On se veut, on s'enlace, on se lasse, on s'en veut. »

1. C'est ici qu'on a fendu le pucelage de l'aviatrice.
2. La buvette est pleine de couillons.
3. Que de bites la pauvre femme agita !
4. Le pompier fait soixante-neuf.

Correspondance

Puisque dans jeu de mots, il y a *jeu*, saurez-vous associer à chacun de ces exemples la figure de style dont ils sont issus ? Attention, il y a des pièges… grossiers.

1. « Ésope reste ici et se repose »

a) Palindrome   **b)** Aérodrome   **c)** Boulodrome

2. « Parisien – Aspirine »

a) Centigramme   **b)** Pictogramme   **c)** Anagramme

3. « COQP »

a) Chorégraphe   **b)** Allographe   **c)** Orthographe

4. « En ce moment, Bayrou je le centriste. »

a) Calembour   **b)** Topinambour   **c)** Tambour

5. « Quel est le comble pour un professeur de musique ? De mettre des mauvaises notes. »

a) Blague Blablacar   **b)** Blague Camping-Car   **c)** Blague Carambar

---

1. a) le palindrome désigne un texte ou un mot se lisant aussi bien de gauche à droite que de droite à gauche (*radar* ou *kayak* sont des palindromes).
2. c) l'anagramme consiste à inverser les lettres pour constituer un nouveau mot (exemple : l'anagramme de *chien* est *niche*).
3. b) l'allographe consiste à former un mot ou un groupe de mots en lisant uniquement des lettres (certains exemples comme *NRJ* ou *K7* sont d'ailleurs entrés dans le langage quotidien).
4. a) le calembour est un jeu de mots oral se basant sur la sonorité des mots ou les différents sens des mots (« Dieu ? Ça fait longtemps que j'ai fait une croix dessus », Pierre Desproges).
5. c) la blague Carambar fait référence à ces petits traits d'humour – concept imaginé en 1969 – insérés à l'intérieur des caramels mous de ladite marque.

LES MOTS D'ESPRIT

Le mot d'esprit est un trait de génie, un mot piquant, une pensée vive, brillante ou persifleuse. En quelques mots succincts, son auteur apporte un sang neuf à la vision formaliste des choses, une relecture décalée, tendre ou ironique. Rien à voir donc avec les prosaïques boutades, blagues, calembours, vannes pourries, et jeux de mots laids.

Il est souvent lancé dans un esprit de partage par un homme ou une femme d'esprit ayant la présence d'esprit d'avoir de l'esprit.

On pardonne tout à un mot d'esprit si celui-ci est de qualité. Car, en grand seigneur, il aborde tous les faits de notre société et de ceux qui la composent, avec une férocité imparable ou un sens de la poésie inégalable. Oui, on lui pardonne tout, alors que souvent, leurs auteurs ont proféré ou écrit des pensées fulgurantes mais injustes, misogynes, arbitraires ou déloyales.

> MOT D'ESPRIT ES-TU LÀ ?
> Paul Carvel

La petite HISTOIRE

Freud, doté d'un grand sens de l'humour, s'est passionné pour la question au point d'en concevoir un livre, *Le Mot d'esprit et ses rapports avec l'inconscient* (1905). Adepte du Witz (en allemand : «esprit, sens du bon mot»), mais aussi des blagues juives, il a établi un parallèle entre les mécanismes impliqués dans la construction du mot d'esprit et ceux qui interviennent dans le travail du rêve. Il s'agirait d'une formation de l'inconscient plus que d'une production volontaire. La qualité, la pertinence et la puissance du bon mot seraient proportionnelles au plaisir procuré par celui qui le profère à celui qui le reçoit. Complexe !

QUELQUES JOYAUX POUR LE PLAISIR, GLANÉS AU HASARD...

> Les gens qui vous disent qu'ils dorment comme un bébé, en général, n'ont pas de bébé.
>
> *Leo J. Burke*

> Le cerveau est un organe merveilleux qui se met en marche au moment où vous vous réveillez et s'arrête au moment précis où vous arrivez au bureau.
>
> *Robert Frost*

> C'est toujours un tort de donner des conseils, mais en donner de bons ne vous sera jamais pardonné.
>
> *Oscar Wilde*

> Les femmes seront vraiment les égales des hommes le jour où une femme sera nommée à un poste où elle n'a absolument aucune compétence.
>
> *Françoise Giroud*

> Quelle belle chose, la jeunesse ! Quel crime de la laisser gâcher par les jeunes !
>
> *George Bernard Shaw*

> Le café est un breuvage qui fait dormir quand on n'en prend pas.
>
> *Alphonse Allais*

> Un économiste est un expert qui saura demain pourquoi ce qu'il avait prédit hier ne s'est pas produit aujourd'hui.
>
> *Laurence J. Peter*

LES MOTS D'AUTEUR

Le mot d'auteur est un bon mot chargé d'un message fort et qui ne s'applique qu'au cinéma, au théâtre, à la littérature en général. D'ailleurs, il est apparenté à une belle réplique bien tournée ou à un dialogue qui surprend par sa pertinence, sa profondeur ou son humour.

Un mot d'auteur est rarement utilisé dans une conversation, car dans ce cas il s'agit d'un jeu de mots, d'un mot d'esprit ou d'une blagounette à deux balles. Le mot d'auteur est forcément celui, rédigé pour la postérité, d'un auteur connu. Sinon il n'est qu'un bon mot destiné à disparaître.

Être auteur, c'est savoir manier les mots de manière à créer une œuvre originale. Mais il est des auteurs qui, malgré la richesse de leur langue, ne trouvent pas de mots à la « auteur » de leur talent. Ils éprouvent le besoin de créer de nouveaux mots, purs fruits de leur imagination et seuls à même de traduire fidèlement leur pensée. Rabelais a été un des pionniers de cette tendance – on parle même encore de nos jours de la « langue de Rabelais » tant il a enrichi notre langue de mots nouveaux. Pour n'en citer que deux, chacun connaît les adjectifs *gargantuesque* et *pantagruélique* qui tirent leur origine des personnages créés par Rabelais – Gargantua et Pantagruel – géants dotés d'appétit d'ogres.

La petite HISTOIRE

Le mot *auteur* (et a fortiori « le mot d'auteur ») n'est pas beaucoup utilisé dans sa forme féminine en français – on peut trouver parfois quelques tentatives de féminisation comme *femme auteur*, *autrice* (du latin *auctrix*), *auteure*, *auteuse* ou *autoresse*. Et pourtant, nous évoquons bien couramment des *hommes* et des *femmes de lettres* ! Le « motdauteurisme » ne serait-il que l'apanage des hommes ? Il s'agit plutôt d'un oubli fâcheux (et pas forcément involontaire…) comme le suggérait il y a déjà un siècle l'écrivain français Remy de Gourmont (1858-1915) : « Nous avons fait *actrice*, *cantatrice*, *bienfaitrice*, et nous reculons devant *autrice* […] Autant avouer que nous ne savons plus nous servir de notre langue » !

DICTIONNER : "ÉCRIRE UN DICTIONNAIRE"

MOTMOTISER : "ÉCRIRE UN RECUEIL D'EXPRESSIONS SUR LE MOT MOT"

ROBERTISME : "FIERTÉ D'ÊTRE ÉDITÉ PAR LE ROBERT"

Recueil des plus célèbres inventions

Blablater : "parler pour ne rien dire" (Louis Ferdinand Céline)

Trouducteur : "un trou du cul de traducteur" (Louis Ferdinand Céline)

Dormioter : "état mixte entre dormir et somnoler" (Jean Giono)

Hargnosité : "caractère hargneux" (Arthur Rimbaud)

Anecdoter : "rapporter des faits curieux" (Honoré de Balzac)

Cambronnade : "euphémisme, du mot de Cambronne" (Guillaume Apollinaire)

Emperpignanné : "se dit (avé l'accent) de quelqu'un qui souhaiterait quitter Perpignan mais qui ne le peut pas" (Marcel Pagnol)

Joconder : "sourire avec un air idiot" (Henri Troyat)

Moimoiisme : "narcissisme" (Louis Ferdinand Céline)

Touchatouisme : "capacité de toucher à tout" (Jean Cocteau)

Badonguer : "sonner comme le font les cloches" (Paul Claudel)

Trifurquer : "plus que bifurquer" (Louis Aragon)

Cleftomanie : "manie consistant à tout fermer à clé et à enfermer les clés" (Hervé Bazin)

Empoiler : "couvrir de poils" (André Gide)

Aimeuse : "femme aimante" (Colette)

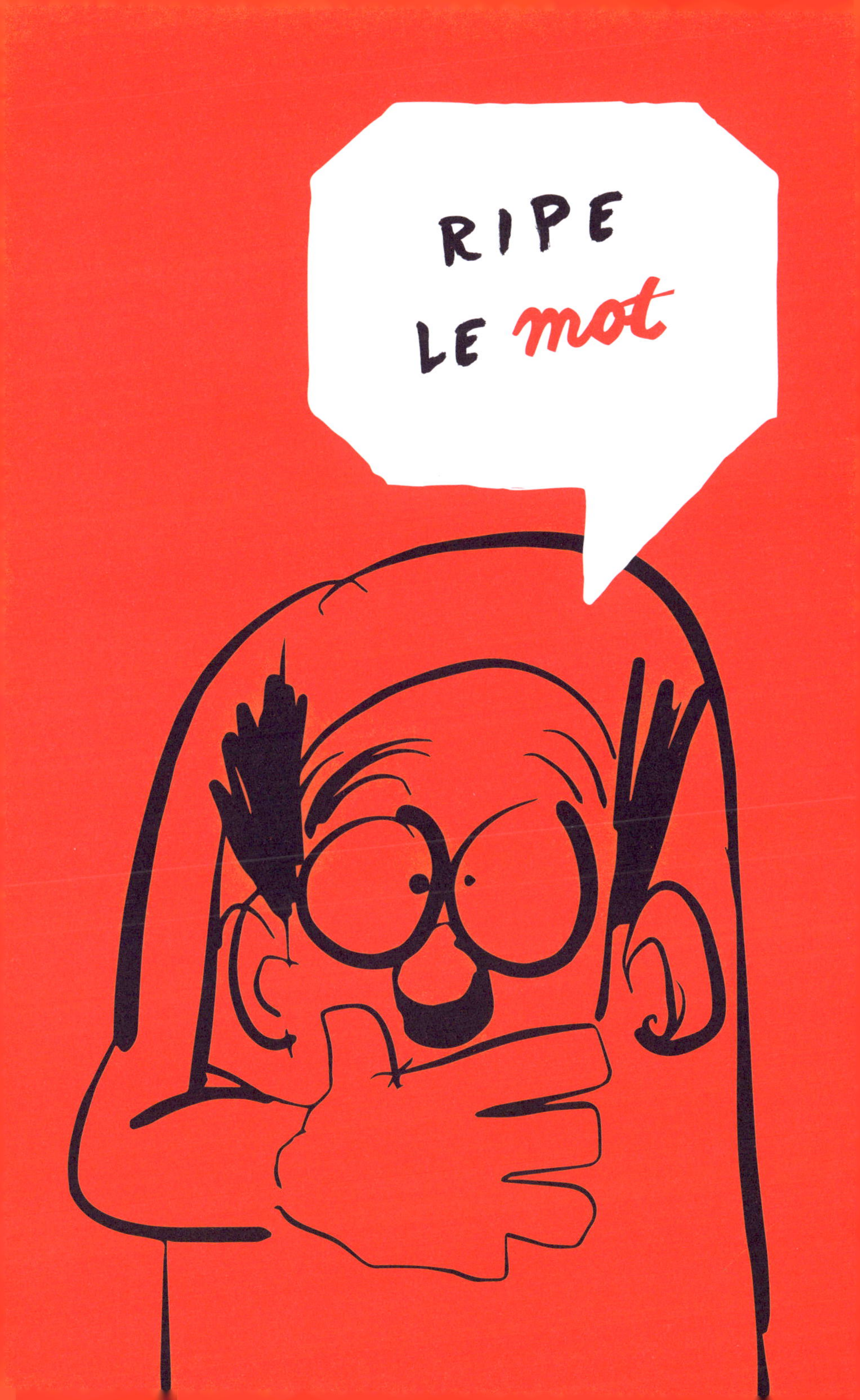
RIPE
LE mot

UN MOT DE TRAVERS

Un mot peut rendre parfois l'avis difficile...

VOIX SANS ISSUE

NE PAS MÂCHER SES MOTS

Mâcher vient du latin *masticare*. Au XIIIe siècle déjà, « Ne le querre maschier » signifiait « dire franchement ». Au XVIe, nous comprenons encore l'expression « Je ne lui macheroie point ses veritez » qui devient au XVIIe siècle : « Ne point mâcher ses vérités ».

L'image est simple : lorsque vous laissez les mots sortir de manière abrupte, sans prendre le temps de les « mastiquer » pour en réduire la portée, vous risquez de dire des choses crues, voire de blesser par trop de franchise. La technique, qui se veut honnête et sans nuance, peut frapper comme un uppercut.

> AVANT DE MÂCHER LES MOTS, JE MANGE LES IDÉES.
>
> **Charles Dullin**

Farandole de mots à la mâche

- Choisissez une demi-douzaine de mots crus (des mots croustillants feront également l'affaire), puis retirez les mots tendres ou ceux sans queue ni tête.

- Complétez par quelques demi-mots cueillis de préférence dans un même champ lexical.

- Pesez-les (sans les vider de leur substance) après avoir fait mijoter votre idée de réplique, puis réservez votre réponse. Évitez la cuisson à mots couverts.

- Mâchez-les bien afin d'éviter les gros mots (ou gru-mots) en prenant soin de tourner sept fois votre langue dans la bouche et de ne pas avaler vos mots.

- Assurez-vous que personne ne vous arrache les mots de la bouche. Pour permettre aux mots de conserver toute leur saveur, évitez d'y aller avec le dos de la cuillère.

- Servez froidement (il est recommandé de ne pas tourner autour du pot) sans lâcher le morceau.

- Si la saison le permet, il est possible de noyer le poisson.

Vous pouvez passer à table !

— Comment me trouves-tu habillé comme ça, ma chérie ?
— Ridicule, moche, démodé. Je ne t'aime plus depuis deux ans et je souhaite divorcer demain.

La petite HISTOIRE

Gustave Flaubert, le même qui revendique et pratique jusqu'à l'obsession « l'art du mot juste », s'exprime sans ambages dans ses *Correspondances*, lorsqu'il déclare : « il ne restera pas de Lamartine de quoi faire un demi-volume de pièces détachées. C'est un esprit eunuque, la couille lui manque, il n'a jamais pissé que de l'eau claire. » La parole est crue, le propos est direct, l'attaque est franche, ici point d'artifices de langage.

À l'inverse, si vous « mâchez vos mots », en prenant le temps de les mûrir, votre interlocuteur aura plus de facilité à les digérer, même si l'image du transfert « mâcheur-avaleur » n'augure rien de très réglementaire s'agissant du respect de la chaîne du froid.

Quand on ne mâche pas ses mots, on critique, on assène férocement des vérités qui font mal, même si ce sont parfois des contre-vérités. Heureusement, certains auteurs n'en oublient pas l'humour et finalement savent adoucir leurs assauts par la fantaisie de leur esprit.

> L'Angleterre,
> ce pays si surpeuplé
> qu'il n'y a pas de beau temps
> pour tous ses habitants.
>
> **Oscar Wilde**

> La vie est
> trop courte.
> Proust est
> trop long.
>
> **Paul Valéry**

> Le journalisme consiste
> à apprendre que M. Johnson est mort
> à des millions de personnes
> qui ne savaient pas qu'il vivait.
>
> **Gilbert K. Chesterton**

> Wagner a des minutes délicieuses
> et des heures épouvantables.
>
> **Rossini**

> Je vous croyais mort !
> Enfin, ce sera pour
> une autre fois.
>
> **Jules Renard**

LES MOTS À NE PAS DIRE

Dans la catégorie des mots à ne pas dire, le pléonasme est probablement *au jour d'aujourd'hui* (en voilà un) l'erreur de style la plus fréquente et la plus évidente – faisant *dresser les cheveux sur la tête* (et encore un) des défenseurs du bien parler. Alourdissant le propos en *répétant plusieurs fois* (et allez donc) des notions de même sens, cet abus de langage est assez classique, *voire même* (autre exemple) toléré dans le parler familier. Attention malgré tout à l'effet produit par l'exagération de la répétition.

INTERDITS AU BLED™

Il existe pourtant certains pléonasmes qui au fil des temps sont entrés dans le langage usuel. Reprenons l'exemple de *aujourd'hui* – concaténation de *au jour* et de *hui* – vieux mot issu du latin *hoc die* (« ce jour »), il signifie donc littéralement « au jour de ce jour ». Acceptez que l'expression populaire « au jour d'aujourd'hui » (comprendre « au jour d'au jour de ce jour ») puisse heurter les puristes... voilà une erreur (pourtant souvent admise) qui méritait d'être étalée au grand jour !

– Chéri je suis allée passer une échographie, j'attends deux jumeaux !
– Quatre bébés, comment allons-nous faire ?

Il arrive également que le pléonasme soit sciemment utilisé par les écrivains pour renforcer la puissance de leur texte, l'intégrité grammaticale s'inclinant face à la puissance du style : « Je l'ai vu, dis-je, vu, de mes propres yeux vu, ce qui s'appelle vu… », Molière, *Le Tartuffe ou l'Imposteur*.

Soit ! Mais que vous *sortiez dehors* ou que vous *montiez en haut*, nous on vous l'affirme, c'est grammaticalement incorrect et donc, à ne pas dire ! Vous pouvez vérifier mais vous verrez bien que ce que l'on affirme *s'avérera véritablement vrai dans sa plus pure véracité*.

Dans la catégorie des mots à ne pas dire, on pourrait également citer cette habitude consistant à utiliser de manière impropre un mot à la place d'un autre. Il s'agit souvent d'approximations de langage dont les protagonistes ne se rendent pas compte tant ils *croivent* que l'expression est *comme même* correcte. C'est parfois aussi à l'écrit que l'on découvre le *poteau rose*.

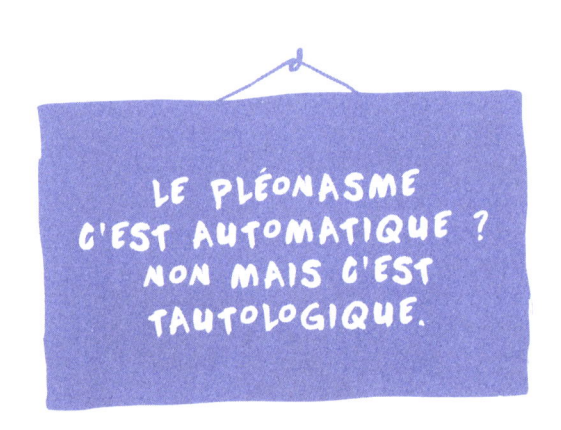

> LE PLÉONASME C'EST AUTOMATIQUE ? NON MAIS C'EST TAUTOLOGIQUE.

La petite HISTOIRE

Découvrir le pot aux roses… L'origine de cette expression remonte au Moyen Âge. Les jeunes femmes fortunées rangeaient alors leurs parfums dans de petits pots contenant parfois des mots doux ou autres secrets. *Découvrir le pot aux roses* signifiait littéralement « soulever le couvercle de ces petits pots et accéder aux trésors qu'ils contenaient ». De ces jolis petits pots, nous avons dérivé vers des pylônes en béton coloré… C'est *descendre bien bas*, n'est-ce pas ?

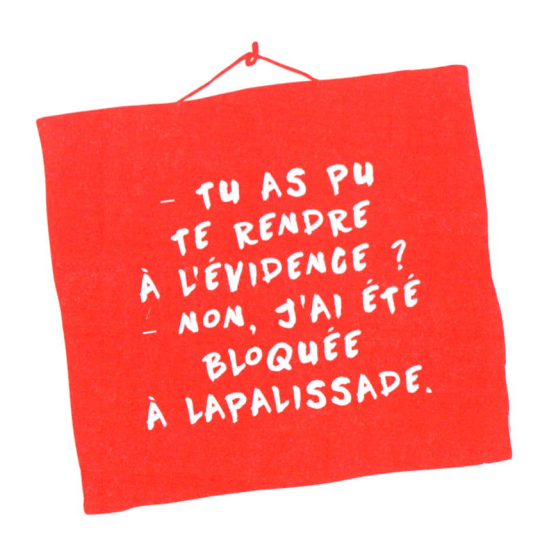

> – Tu as pu te rendre à l'évidence ?
> – Non, j'ai été bloquée à Lapalissade.

Quelle est donc cette maladie de langue qui consiste à prononcer certains mots de manière incorrecte ou en intervertissant certaines lettres ? On peut l'appeler *barbarisme.* Les Grecs de l'Antiquité nommaient *barbares* tous ceux qu'ils ne comprenaient pas bien ; inversement, les Romains considéraient comme barbares les étrangers qui ne parlaient pas leur langue. Car le mot *barbare* n'était autrefois pas un mot mais un son, « brrbrarrb », que l'on croyait entendre de la bouche de ces étrangers.

Plus près de nous, par quel phénomène de déplacement d'R les mots *infarctus* et *aéroport* sont-ils incorrectement prononcés (respectivement *infractus* et *aréoport*) ? Analogie de sonorités avec d'autres mots, dysorthographie, dyslexie, abus de langage ? Les causes sont multiples, le pestacle est assuré !

Au-delà des mots grammaticalement incorrects, il arrive que l'on prononce des mots qu'on ne devrait pas dire. Ce sont des mots de trop. Et les mots de trop, il ne fallait pas les dire. Au mieux, ce sont des boulettes, au pire, ils engendrent une situation impossible à contrôler.

— Chéri, tu aimes ma nouvelle coupe de cheveux ? J'ai coupé beaucoup plus court cette fois-ci.
— Ah oui, comme ta mère !

Ce n'est pas de ma faute, c'est Bernard qui n'a pas compris le sujet.

J'ai une information importante mais je ne peux pas te la dire.

— Ah, mon ex, elle faisait magnifiquement le koulibiac de poulet !
— Bien, alors retourne la voir, ta vieille poule !

— J'aimerais tant un enfant de toi...
— On s'en reparle plus tard ?

Dépassons nos frontières et intéressons-nous aux mots français utilisés dans d'autres langues. Méfiez-vous : si un Québécois vous affirme que « votre jolie petite fille ressemble à une *catin* » (NDA : « poupée » en québécois), ne vous emportez pas en lui répliquant : « Ah ? Et tu veux aussi que je te parle de tes *gosses* ? » (NDA : « testicules » en québécois).

Si à Londres vous vous rendez dans une pharmacie pour acheter des *préservatifs* (en français dans le texte), vous repartirez sans doute avec des conservateurs alimentaires. Ou encore, si vous rencontrez un Suisse qui vous dit *adieu,* n'imaginez pas qu'il veuille prendre congé immédiatement de vous, il s'agit d'un simple *bonjour.*

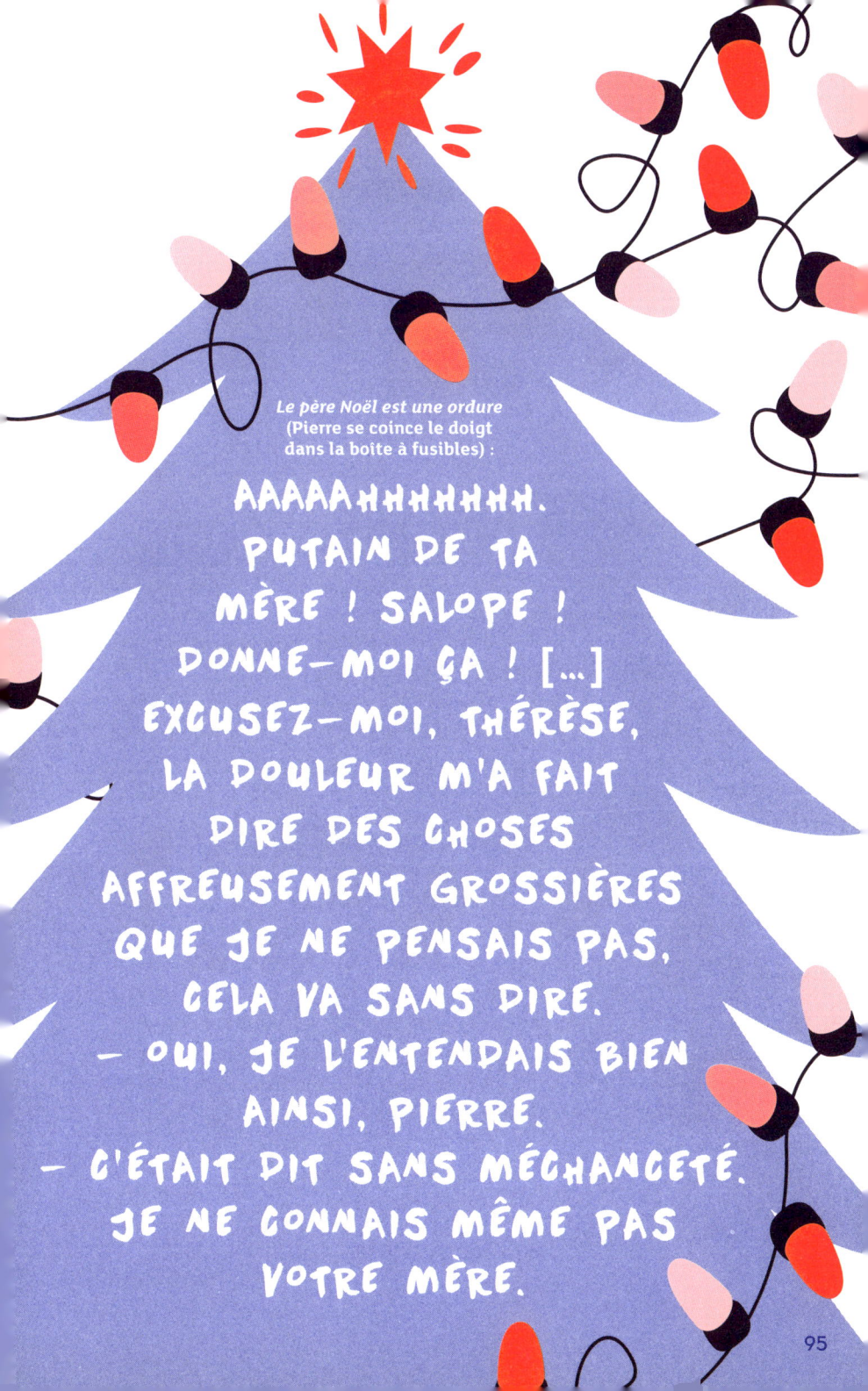

Le père Noël est une ordure
(Pierre se coince le doigt
dans la boite à fusibles) :

AAAAAHHHHHHH.
PUTAIN DE TA
MÈRE ! SALOPE !
DONNE-MOI ÇA ! [...]
EXCUSEZ-MOI, THÉRÈSE,
LA DOULEUR M'A FAIT
DIRE DES CHOSES
AFFREUSEMENT GROSSIÈRES
QUE JE NE PENSAIS PAS,
CELA VA SANS DIRE.
— OUI, JE L'ENTENDAIS BIEN
AINSI, PIERRE.
— C'ÉTAIT DIT SANS MÉCHANCETÉ.
JE NE CONNAIS MÊME PAS
VOTRE MÈRE.

LES GROS MOTS

Les gros mots traversent les siècles et nourrissent le langage courant. Ils permettent d'exprimer toutes les révoltes, toutes les angoisses, de se démarquer des autres, de surprendre, de choquer, de se défouler, de pimenter les phrases. Le propre du gros mot est justement d'être sale. Dès la prime enfance, l'interdit est vite transgressé par des « *pipi, caca, zézette* »... Oui, les gros mots sont indispensables et apaisent le stress. C'est pourquoi, nous vous proposons un petit vagabondage dans leur univers en tâchant néanmoins de conserver notre élégance... bordel !

Car la littérature en regorge, à commencer par les textes de l'ami Rabelais dont on ne peut mettre en doute la maîtrise du beau verbe et son inventivité. L'homme de la « substantifique moelle » nous a néanmoins démontré que les gros mots (parfois inventés par lui) pouvaient faire corps avec le savoir d'une époque humaniste : « Tout le monde ne peut pas avoir les couillons aussi pesants qu'un mortier, et nous ne pouvons pas tous être riches », « Ils feraient mieux d'aller se frotter le cul au chardon que de perdre ainsi leur temps à discuter de ce dont ils ne savent pas » (*Pantagruel*, 1532). C'est presque du Audiard !

La petite HISTOIRE

Comment ne pas citer le mot attribué à Cambronne (le célèbre général de division de Napoléon) lors de la bataille de Waterloo ? Alors qu'il commandait le dernier carré de la Vieille Garde, le général britannique Colville lui intima l'ordre de se rendre. Notre soldat répondit fièrement : « La garde meurt et ne se rend pas », puis, sur l'insistance des Anglais, il aurait ajouté « merde ! ». Ces derniers, impressionnés, firent en sorte de le faire prisonnier, non sans avoir massacré le reste de ses petits camarades. Pour la petite histoire de cette petite histoire, Cambronne aurait démenti avoir prononcé ce « merde ! ». Quant à nous, il n'y a guère que dans ce chapitre que nous pouvons affirmer qu'il fut couillu, le gars !

Nous connaissons tous le fameux « Merdre ! » d'Alfred Jarry dans *Ubu Roi* et le « Va te faire f…, répondit le caporal » chez Stendhal dans *La Chartreuse de Parme* (*f…* remplaçant évidemment *foutre*). La liste est longue ! De son côté, Flaubert nous dit que ça « schlingue d'une façon fantastique » alors que dans Victor Hugo, on « pue de la gueule ». Quant à Louis-Ferdinand Céline, il partage avec Rabelais un langage parfois cru et festif, issu de la rue : « La merde a de l'avenir. Vous verrez qu'un jour on en fera des discours. » Même chez les éminents frères Goncourt, on déniche des « pouffiasses ».

Quand on vous disait qu'il y en a des chiés !

Nombre d'injures ancestrales ont disparu de notre langage, et c'est bien dommage ! Au Moyen Âge, *puterelle* (du latin *putere*, « puer »), désignait la putain. *Boursemolle,* comme son nom l'indique, était un terme pour stigmatiser un homme soi-disant impuissant. Imaginez encore que, pour critiquer une personne trop maquillée, vous usiez de cette expression haute en couleurs et *vieille comme mes robes* : « Eh, *morte couille*, ils vous ont peint une tronche violacée de pochtronnet ! » ? Ou que, pour intimer à une autre l'ordre de se taire, vous lui lanciez : « Tais-toi, *maroufle* ! ». Vous passeriez assurément pour un vieux con… Con se le dise.

> LA MERDE A DE L'AVENIR. VOUS VERREZ QU'UN JOUR ON EN FERA DES DISCOURS.
> Louis-Ferdinand Céline

Justement ! Qu'est-ce que le con d'une femme ? Certaines penseront qu'il s'agit de leur mari. Il n'en est rien. Au sens figuré, *con* est en effet utilisé pour désigner une personne stupide et, de façon plus légère, voire amicale, il accompagne nombre d'expressions du sud de la France. « Oh con(g) ! » s'emploie par exemple pour marquer la surprise. *Con* est pour ainsi dire le terme le plus apprécié des Français et perd d'ailleurs souvent de son animosité. On traitera souvent de *con*, avec une certaine admiration, un copain qui nous fait rire : « Haha ! Qu'il est con ! ». Mais saviez-vous qu'à l'origine et au sens propre, il représente le sexe de la femme (du latin *cunnus*, « vulve »), et renvoie déjà à une représentation dégradante d'icelle ? Au Moyen Âge, le *connil* ou *connin* (latin *cuniculus*) désignait le lapin. Mais par la proximité des deux sens et de l'usage grivois qui en était fait, on remplaça *connin* par *lapin* (de *lapereau*). Le connil disparut, certes, mais le con resta !

Le sexe de l'homme n'est cependant pas en reste. Comme souvent en matière de grossièreté, ce n'est pas le mot lui-même qui est nécessairement sale, mais l'image qu'il évoque, son allusion.

Petit florilège (il y en a tant d'autres !), tiré de *L'Argot tel qu'on le parle* de Robert Giraud : *outil, balayette, chipolata, goupillon, cornemuse, chibre, béquille, cierge, dard, frétillante, nœud, zob, troisième jambe, pine, poireau, cigare à moustaches, tracassin, pieu, bite, biroute, gourdin, chauve, marteau-piqueur, seringue, arbalète, quiquette, sucre d'orge, sous-préfet, gaule, agace-cul, queue, sguègue...*

Et on vous passe les centaines de désignations mirobolantes pour décrire les testicules, car en toutes circonstances, roustons polis !

Pour finir en beauté ce joli panorama, il serait bon d'aborder aussi le cul, qui tout en étant un gros mot, est à l'origine de nombreux autres mots tout à fait corrects que l'on retrouve dans la notice étymologique du mot *cul* (et de toute sa famille), extraite du *Petit Robert* :

acculer, bascule, basculer, bas-culotte, bouscueil, bousculer, casse-cul, cuberdon, cucul, cul, culasse, cul-bénit, cul-blanc, culbuter, cul-de-four, cul-de-jatte, cul-de-lampe, cul-de-sac, culer, culeron, culière, culot, culotte, cul-terreux, éculé, enculer, gratte-cul, gros-cul, jupe-culotte, lèche-cul, peigne-cul, reculer, sans-culotte, tapecul, tire-au-cul, torche-cul, tutu.

Tutu ? Vraiment ? Oui car *tutu* vient d'une déformation enfantine de *cucu* (« petit cul ») qu'on associe aisément à l'image du caleçon collant.

Allez, un petit dernier pour la route ! Saviez-vous que le mot *chier* vient du verbe latin *cacare*... non ? Et bien, gardez-le dans vos *anal* !

> — TU FAIS QUOI COMME BOULOT ?
> — TESTEUR DE PQ.
> — ET TU TE FAIS PAS TROP CHIER ?
> — SI, JE SUIS AU BOUT DU ROULEAU.

OBSCÈNE DE VIE

LES MOTS CRUS

**Vous devez avoir 18 ans
pour consulter cette page**

Veuillez indiquer
votre date de naissance :

| JOUR | MOIS | ANNÉE |

Puisqu'il est tard, que les enfants sont couchés et que vous avez passé avec succès le test du contrôle parental, il est temps d'aborder un sujet que nous ne pouvions passer sous silence. Il s'agit d'évoquer ce qui se chuchote ou se hurle dans la sensuelle moiteur des lits (ou à l'arrière des Renault 4L, quand on a vécu les années 1970...).

Certains couples jouent – ou ont déjà joué – sur le pouvoir érotique des mots, tels des préliminaires, pour commu-niquer lors de leurs ébats amoureux. Les Anglo-Sexons nomment cette tendance le « *dirty talk* ». Nous l'appelons *mots crus*, probablement en référence aux crudités que nous épluchons sensuellement avant de les faire vigoureusement sauter dans la poêle brûlante. Ce parallèle allusif est le moins que nous pouvions faire. Nous en assumons le sous-entendu contestable.

> PLUS L'AMOUR EST NU, MOINS IL A FROID.
>
> John Owen

Des études prouvent que ces dialogues peuvent renforcer l'intimité du couple, la confiance mutuelle, et bien entendu raviver la flamme. D'autres encore démontrent que les couples qui « verbalisent » peuvent avoir des « échanges mutualistes » (qu'ils partagent) ou « individualistes ». On y apprend notamment que les femmes apprécient davantage « les mots doux, liés à l'intimité et/ou à la soumission tandis que les hommes aiment dominer verbalement (comme physiquement) ». Qui l'eût cru ?

Attention ! Les mots ne deviennent crus que selon le contexte dans lequel ils sont employés. Témoin ce dialogue (assez fin…) qui ne donnerait rien de vraiment érotique lors d'un repas officiel, en présence de l'ambassadeur :

— Chéri, peux-tu me passer le pain ?
— Oh oui ! Prends toute la baguette, elle est si chaude !

Il est donc important de veiller à ne pas dépasser les limites de l'exercice. Emportés dans leur élan, les amants peuvent rapidement flirter avec les mots déplacés, les gros mots ou les mots trop salés, pimentés à l'extrême, au risque de rompre le charme.

Alors, les mots crus, au bout du compte… salaces ?

> LE SEXE MASCULIN EST CE QU'IL Y A DE PLUS LÉGER AU MONDE, UNE SIMPLE PENSÉE LE SOULÈVE.
>
> **Frédéric Dard**

Tu me rends folle ! Ah, au fait, maman vient dîner ce soir.

Ouvre la fenêtre, que Mme Pichon nous entende !

J'adore quand tu es déguisée en princesse sexy et perverse ! Ah ? En homme-grenouille ? Au temps pour moi.

Tu aimes quand je te fouette les fesses avec ma tong ?

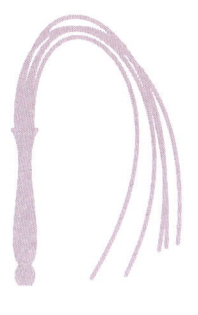

CRU, SI VERBEUX

> LE SEXE SANS AMOUR
> EST UNE EXPÉRIENCE VIDE.
> OUI, MAIS PARMI
> LES EXPÉRIENCES VIDES,
> C'EST UNE DES MEILLEURES !
>
> **Woody Allen**

La petite HISTOIRE

Dans le *Robert historique de la langue française*, Alain Rey nous éclaire : « *Cru* s'emploie au figuré, "exprimé sans détours, sans ménagement" (1460). D'abord utilisé avec une connotation de "franchise", il a peu à peu glissé vers la valeur péjorative de "contraire aux bienséances, indécent" (1819). »
Pour illustrer ce glissement sémantique, voici une petite anecdote. Georges Feydeau, auteur de tant de vaudevilles à succès, fut un jour approché par une grisette qui lui demanda si c'était bien lui qui avait écrit ces mots sur une carte : « Vous n'êtes qu'une grue. » L'auteur de *La Dame de chez Maxim's* réagit vigoureusement : « Ce n'est pas moi. Pourquoi serait-ce moi ? Il y a des tas de gens qui vous connaissent mieux que moi ! »

Remontons le temps en évoquant Madame de Sévigné, pourtant si élégante dans sa prose et dans son discours… Un jour, alors que sa fille lui demandait « Est-il vrai, Madame, que dans un dîner, le mot *foutre* vous ait échappé ? », la femme de lettres rétorqua : « Non, j'ai dit F. et j'ai passé outre. »

LES MOTS D'ARGOT

L'argot est un langage à part entière, qui se fond régulièrement dans le langage courant. Ce parler, à l'instar d'une langue vernaculaire, est le privilège de toutes sortes de communautés très diverses, de régions et de professions. Langage des rues ou des cités, patois techniques, dialectes de la pègre, sabir de différentes classes sociales, vocables propres à un milieu social ou tout simplement à une profession, le but de l'argot est d'abord l'entre-soi, afin de confirmer son appartenance. Mais le principe est aussi de détourner la réalité immédiate des mots et des idées pour les rendre plus obscurs aux non-initiés et aux personnes peu admises dans une communauté spécifique (ados *vs* parents, truands *vs* flics, etc.).

Cousin du *jargon* (vocabulaire propre à une profession ou une discipline), l'*argot* est typiquement le langage de l'adhésion à un groupe et se crée sur son humus. D'ailleurs, il n'existe pas un argot, mais des argots, selon les lieux, les activités, les époques et les archétypes sociaux.

Arrête ton cinoche

Dans *Les Tontons flingueurs*, le Mexicain, qui va mourir, s'adresse à Fernand : « J'suis r'venu pour caner ici et pour me faire enterrer à Pantin avec mes vioques. Les Amériques, c'est chouette pour prend'du carbure ; on peu'y vivre aussi… à la rigueur, mais question d'laisser ses os, y'a qu'la France, hein ? Et j'décambute bêtement, et j'laisse une mouchette à la traîne, Patricia. C'est d'elle que j'voudrais qu'tu t'occupes. »

Imaginez un instant qu'en lieu et place du célèbre « Touche pas au grisbi, salope ! », Audiard ait finalement opté pour « Ne t'intéresse pas au butin, vilaine ! », il est peu probable que cette phrase ait fini au panthéon des répliques cultes du cinéma français.

De même le célèbre « Je t'encule, Thérèse… », du non moins célèbre film *Le père Noël est une ordure*, aurait perdu de sa superbe s'il avait été remplacé au profit de : « Thérèse, je te fais l'amour d'une manière que la morale chrétienne réprouve. »

Enfin, comment imaginer l'immense Al Pacino s'écrier *zut* ou *flûte* ou même *sacrebleu* en lieu et place des deux cent cinquante-six *putain* qui ponctuent cet immense film qu'est *Scarface* ?

L'argot des Parigots est devenu célèbre depuis qu'il a été porté à l'écran. C'est que... « les titis parigots, c'étaient pas des caves ! Z'avaient leur répute les frangins et y béquillaient partout dans Paname, qu'y connaissaient comme leurs poches, pour voir à chouraver un peu d'grisbi aux bourgeois. »

Michel Audiard, dans ses dialogues, a souvent sublimé ce parler de quartiers. Amoureux de la langue et de ses aspérités, il a coloré certains de ses textes de mots jargonnés, particulièrement suaves.

Plus encore que le jargon, l'argot a tendance à multiplier les « images imagées », si l'on peut dire, les rendant parfois plus poétiques et colorées. Mais, disons-le honnêtement, il les déplace bien souvent sur un terrain gaillard, égrillard, paillard, obscène, croustillant, immoral, licencieux, libertin et graveleux...

Ainsi, ne dites plus *dormir*, mais dites plutôt *faire une partie de traversin, piquer une romance, écraser la bulle, fermer la devanture, piquer un roupillon, en écraser, pioncer, baisser la vitrine, roupiller, ronfler.*

Ne dites plus du *vin rouge*, dites plutôt *le pivois* (allusion à la couleur rouge de la pivoine), *le picrate, le pinard, le pif, le jaja, le décapant, le rouquin, le rouquemoute, le couillotin, le petit-velours, l'antidérapant, le chocolat de déménageur.*

Ne dites plus *les fesses*, dites plutôt *le panier, la pastèque, le postère, le ballon, les deux frangines, le cyclope, le fouettard, le croupion, les meules, les miches.*

Chez les policiers

Le bourrin : l'inspecteur
Une bretelle : un branchement
pour faire une écoute téléphonique
Un chouff : un guetteur
La zonzon : la prison
Une nourrice : la personne
qui cache de la drogue chez elle
en contrepartie d'une rémunération

ET AU TAF ?

Chez les musiciens

Une fanfouse : une fanfare
Ça joue ! : sous-entendu, ça joue bien
(équivalent de ça tourne, ça déménage)
Le baveux : le saxophone
Une forêt de pains : une avalanche
de fausses notes

Chez les coiffeurs

Les tifs : les cheveux
Un merlan / Un figaro : un coiffeur
Une pouilleuse : une casquette
Les totos : les poux

Si, à l'origine, l'argot était l'apanage des mendiants et des gueux, comme tout dialecte et comme toute langue il évolue avec le temps, se transforme, se modernise, épouse son époque ou va rechercher avec humour des images démodées.

Ainsi, il n'est pas rare que les jeunes de banlieue nomment leur paternel le *daron,* terme vieillot datant de 1680, représentant un « maître de maison ». C'est dire si ça date ! Et s'ils demandent à leur daron de leur filer de la *thune,* ils sont sans doute loin d'imaginer qu'ils emploient un terme du XVIIe siècle signifiant « aumône ». C'est dar !

La petite HISTOIRE

On n'imagine pas le nombre de mots d'argot qui sont passés dans notre langage courant et distingué d'aujourd'hui.

Se mettre le doigt dans l'œil, par exemple… Qui devinerait aujourd'hui que cette formule était tout à fait grivoise à l'origine ? C'est établi, nous n'avons pas qu'un œil, il ne s'agit donc pas de l'organe de la vue (on dirait alors *se mettre les doigts dans les yeux*). Considérant qu'en argot, l'œil veut dire l'anus, on voit désormais d'un autre œil l'expression *se mettre le doigt dans l'œil jusqu'à l'omoplate…*

Abasourdir, au début du XVIIe siècle, n'indiquait pas le fait d'étourdir quelqu'un, de le rendre groggy, par une bonne ou mauvaise nouvelle. Ce mot, issu du pur jargon des malfrats, signifiait plus prosaïquement « tuer ».

Amadouer, au milieu du XVIe siècle, fait encore référence à l'*amadou*, onguent qu'utilisaient les mendiants pour se donner un teint jaunâtre et provoquer ainsi la pitié des passants.

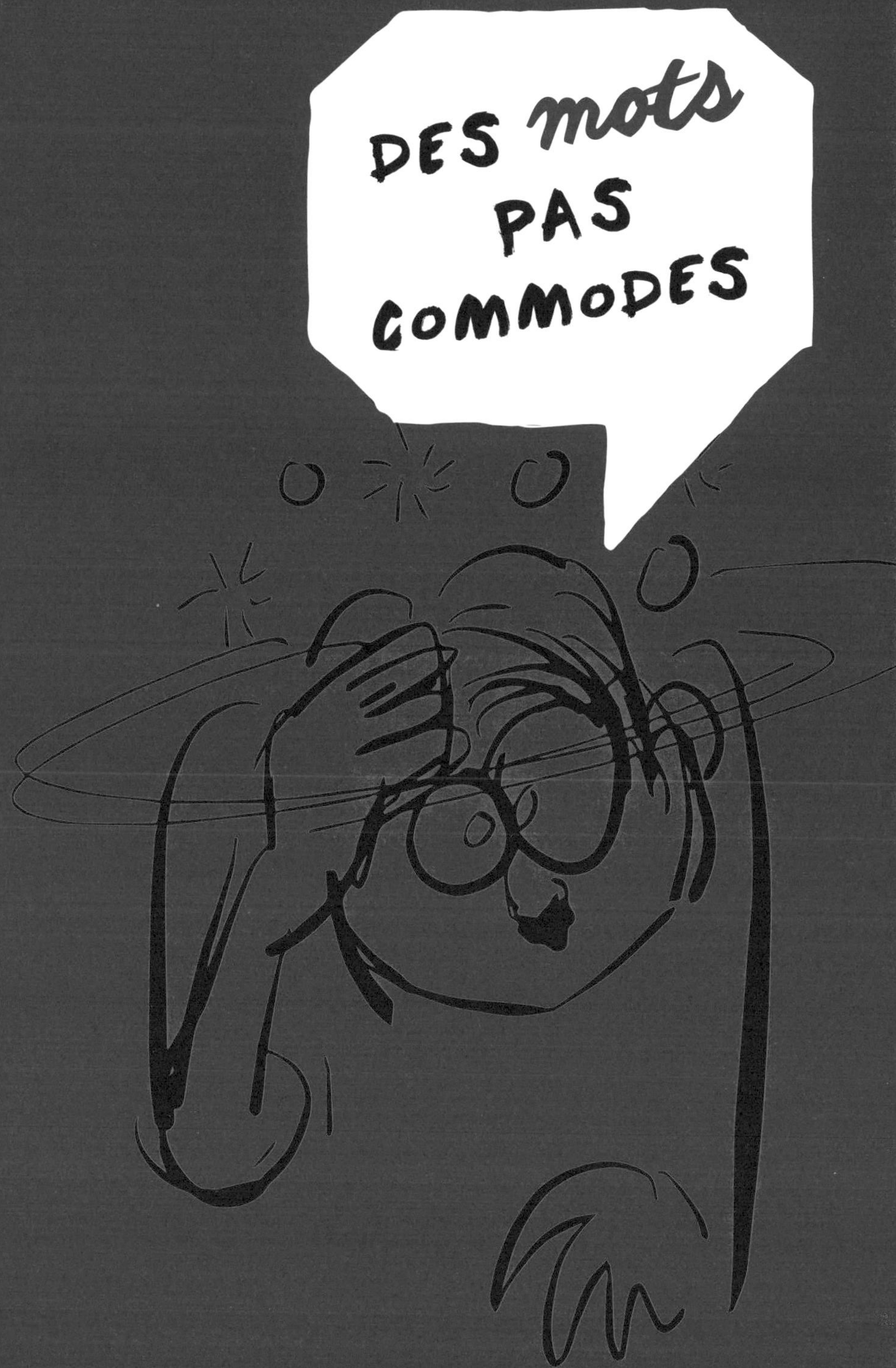
DES mots PAS COMMODES

CHERCHER SES MOTS

Il arrive parfois que, sans raison apparente, un mot ou un nom nous échappe... Immédiatement, nos neurones s'affolent, recherchant désespérément le mot oublié jusque dans les circuits intégrés de notre mémoire vive, et nous perdons alors le fil de la conversation.

Ce n'est pas bien grave si cela se produit au cours d'une discussion anodine. En effet, aucune loi n'interdit de *chercher midi à 14 heures*, ni *une aiguille dans une botte de foin* !

En revanche, si cette panne cérébrale survient lors d'un discours ou d'un examen, les conséquences peuvent être préjudiciables. Imaginez que vous ayez oublié jusqu'à l'existence du mot *oui* le jour de votre mariage devant monsieur le maire. Que ce soit « d'accord », « ok mec » ou « tope-la mon pote », aucun autre mot ne saurait vous sortir de ce mauvais pas... Quelle barbe ! Il faudrait décommander la pièce montée, le bal, la jarretière de la mariée et pis encore... la nuit de noce ! Le gâchis !

Pire, représentez-vous Martin Luther King, le 28 août 1963, lors de son célèbre discours devant le Lincoln Memorial à Washington, hésiter entre « *I have a cream* » et « *I have a dream* ». Ou bien Archimède, lorsqu'il comprit le principe de la poussée... d'Archimède, fourcher et dire *Hariba*, *Caramba* ou *Machallah* à la place d'*Eurêka* !

ACTE MANQUÉ

Les scientifiques considèrent habituellement que ce « blanc », cette absence, résulterait d'un défaut de transmission entre des zones intellectuelles du cerveau : celles qui accèdent à l'idée du mot et celles qui sont chargées plus prosaïquement d'en retrouver la forme.

AIDE-MÉMOIRE

Si le diagnostic est posé, avec l'âge, cela ne va pas en s'arrangeant. Situation plus fâcheuse lorsqu'au début on recherche ses mots, puis ses clés, et enfin, son adresse. Cette maladie est maintenant reconnue et porte le nom d'un médecin allemand, Alzheimer. En pratiquant une autopsie sur une patiente atteinte de démence et de troubles de la mémoire, il identifia les lésions du cortex cérébral à l'origine de la maladie – heureusement, les résultats de ses recherches ne sont pas tombés dans l'oubli...

> – Est-ce qu'un amnésique peut soutenir sa mémoire ?
> – Tu peux répéter la question ?
> – Quelle question ?

La petite HISTOIRE

Savez-vous ce qui a poussé Archimède à courir nu dans les rues de Syracuse en criant «Euréka!», qui signifie en grec «J'ai trouvé!» et non «passez-moi un peignoir!»? C'est qu'en prenant son bain, il venait de découvrir l'effet de son poids sur le niveau de l'eau – la fameuse poussée d'Archimède –, celle qui explique qu'un corps (même nu) flotte ou coule.

Petite blague entre amis. Poser la question : « Tu te souviens du prénom d'Alzheimer ? ». La plupart des gens ne connaissant que le nom du célèbre psychiatre mais pas son prénom, un blanc s'installe et le questionné comprend que s'il ne se souvient pas qu'il s'agit d'Aloïs (diminutif d'Aloysius), c'est qu'il a donc les prémices des symptômes de la maladie.

Si vous avez vous-même des difficultés à vous souvenir que vous perdez la mémoire, voici une liste d'expressions synonymes qu'il conviendrait d'apprendre par cœur : *avoir un trou de mémoire, avoir une mémoire défaillante, avoir un blanc, souffrir d'amnésie* et pour les fans d'argot, *avoir un asticot dans la noisette*.

À l'inverse, si aucun souvenir ne vous échappe, si vous retenez aisément tous vos codes, mots de passe, dates anniversaires et autres faits marquants de votre vie, c'est que vous avez probablement une *mémoire d'éléphant*. Le pachyderme est en effet connu pour sa capacité à se souvenir de ses déplacements, des points d'eau qu'il croise et des périodes de l'année où les fruits sont les plus mûrs.

À l'extrême, vous pourriez même être atteint d'*hypermnésie* (exaltation maladive de la mémoire) ou être tout simplement *mnémoniste* (véritable champion de la mémoire qui utilise des formules et stratégies facilitant la mémorisation).

Mais vous n'êtes pas obligé de tout retenir…

À LA PISCINE,
DANS LE GRAND BAIN :
— M'SIEUR, ARCHIMÈDE
M'A POUSSÉ,
J'AI FAILLI TOMBER
DANS LES POMMES !
— NE T'INQUIÈTE PAS
NEWTON,
C'EST SANS GRAVITÉ !

LES MOTS ME MANQUENT

Le plus souvent, vous affirmez « les mots me manquent » lorsqu'une situation, une révélation ou un évènement vous surprennent ou vous touchent. Or, cette formule n'a que des avantages.

Elle vous évite d'abord un effort intellectuel pour rechercher dans votre cerveau des commentaires brillants à la hauteur de la situation ou de l'information reçue.

Et puis ce raccourci linguistique n'est-il pas idéal pour vous montrer parfaitement concerné par l'évènement ? Manière d'affirmer que vous êtes si affecté ou touché qu'aucun mot de notre langue n'est digne de traduire votre profonde émotion… Effet garanti !

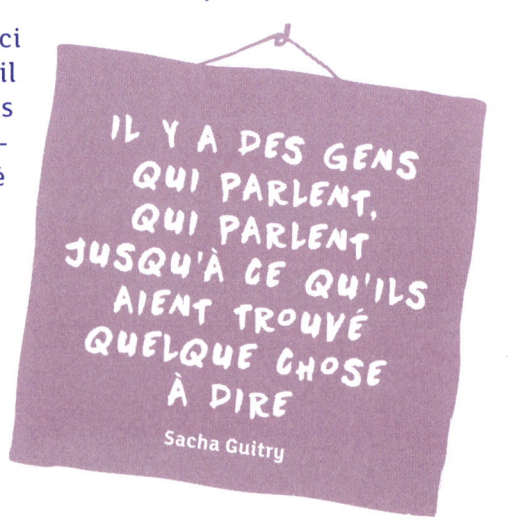

> Il y a des gens qui parlent, qui parlent jusqu'à ce qu'ils aient trouvé quelque chose à dire
>
> Sacha Guitry

Le tout est
de tout dire,
et je manque de mots
et je manque de temps,
et je manque d'audace
Je rêve et je dévide
au hasard mes images
J'ai mal vécu,
et mal appris
à parler clair.

Paul Éluard, « Tout dire », 1951

Parfois, les mots vous manquent vraiment. Là c'est une autre histoire. On parle de « trou de mémoire » ou de pauvreté de vocabulaire. Dans la majorité des cas, en fonction de la fatigue et de la gestion de ses émotions, il s'agit d'absences.

Dans ces circonstances, plusieurs attitudes s'offrent à vous. Soit, au beau milieu d'un débat, vous dégainez votre *Petit Robert*, au risque d'appesantir légèrement la conversation, soit vous trouvez un mot voisin caché dans les replis de votre conscience... Mais attention aux synonymes qui se transforment en analogies (même champ sémantique), qui glissent vers l'antonyme (sens contraire), qui lui-même vous fait dire l'inverse de ce que vous pensiez ! Soit, cas extrême pour les plus anxieux, vous ne parlez qu'en présence de votre neurologue (onéreux).

En milieu scolaire, c'est différent. Lorsque les mots vous manquent au cours d'un oral d'examen, vous ne dites plus « les mots me manquent », mais « je sèche lamentablement » ou « c'était au programme ça ? ».

Et si malgré tous vos efforts pour trouver un mot, votre recherche était irrémédiablement vouée à l'échec ? Et si le mot que vous cherchez n'existait réellement pas ? Car il se trouve que certaines langues ont des spécificités telles qu'elles utilisent des mots qui n'ont aucune correspondance dans d'autres langues – au grand dam des traducteurs.

- SALUT.
- SALUT.
- COMMENT SE PASSE TON TRAITEMENT POUR RETROUVER LA MÉMOIRE ?
- SALUT.

LE MOT UNIQUE

Wengelu (wolof)
Lever la fesse pour péter

Busat (scandinave)
Renne avec un seul mais imposant testicule

Tsundoku (japonais)
L'art d'empiler des livres sans jamais les lire

Schilderwald (allemand)
Une forêt de panneaux de signalisation

Tartle (écossais)
Moment de gêne quand on ne se souvient plus du prénom d'une personne alors qu'on est en train de faire des présentations

Vybafnout (tchèque)
Surprendre l'autre en criant « bouh »

Layogenic (philippin)
Personne attirante mais seulement de loin

Utepils (norvégien)
Satisfaction de boire la première bière de la belle saison avec des amis

— Je viens d'apprendre la mort de Benoit. C'est horrible.
— Quoi ?... Noooon ?? Oooohhhh !... Aaaarg... je... Benoit est mort ?... Mais... mais ?... Comment ?... (Ici, les mots lui manquent vraiment)... Je n'en reviens pas. Vraiment les mots me manquent... (Ici, il se débarrasse de la recherche d'adjectifs adéquats en affirmant que notre langage est pauvre, comparé à sa douleur).
— Oui, c'est terrible.

La petite HISTOIRE

Charité bien ordonnée commence par soi-même, alors sachez que le mot *dépaysement* ne trouve de correspondance dans aucune autre langue.

Certaines langues sont connues pour être particulièrement imagées – ainsi en japonais le mot *komorebi* désigne la lumière du soleil qui passe à travers les branches d'arbres. Si en Turquie on vous propose d'aller contempler le *yakamoz*, ou si votre hôte suédois vous invite à voir le *mangata*, aucun dictionnaire ne saura traduire ce mot dans la langue de Molière car il s'agit littéralement du reflet du clair de lune sur l'eau.

Kacadre représente en albanais une moustache aux extrémités retroussées, alors qu'un *guubis* est en somali un chameau mâle premier-né.

Un *cafetero,* au Mexique, se dit encore d'une personne qui boit beaucoup de café ! *What else* ?

LE MOT SUR LE BOUT DE LA LANGUE

Qui n'a pas vécu cette situation gênante où l'on ne parvient pas à retrouver un mot courant, ou un nom connu – ou que l'on croit connaître ? Cette sensation de frustration provient du sentiment que le mot, pourtant prêt à jaillir, reste bloqué dans votre bouche comme une envie d'éternuer qui n'aboutit pas. Terrible sentiment d'inassouvissement…

Ce mot peut être coincé sur toutes les langues : celle de Shakespeare « *on the tip of the tongue* », Goethe « *Am Ende der Zunge* », Cervantès « *En la punta de la langua* », Confucius « *zài shétou shàng* » (mais là, difficile de vérifier…). L'image ne connaît pas la barrière de ladite langue.

Généralement le sujet s'énerve, éructe, considère qu'il a perdu des neurones, que l'âge fait des ravages. Ce n'est que plus tard, alors qu'il a abandonné l'idée de le retrouver, que le mot lui revient de manière fluide et sans aucune difficulté. C'est un peu « l'esprit d'escalier », c'est surtout un simple trou de mémoire que nous vivons tous plus ou moins fréquemment.

Il s'agit souvent de mots peu utilisés par le locuteur et donc pas directement accessibles au sein du « vocabulaire actif » de son cerveau. L'accès à l'information en mémoire est, dans ce cas, plus complexe, plus long. Le cerveau travaille, cherche, active des réseaux… Le sujet peut alors avoir le sentiment que « ça vient », preuve que la recherche progresse.

DOCTEUR ÈS LANGUE

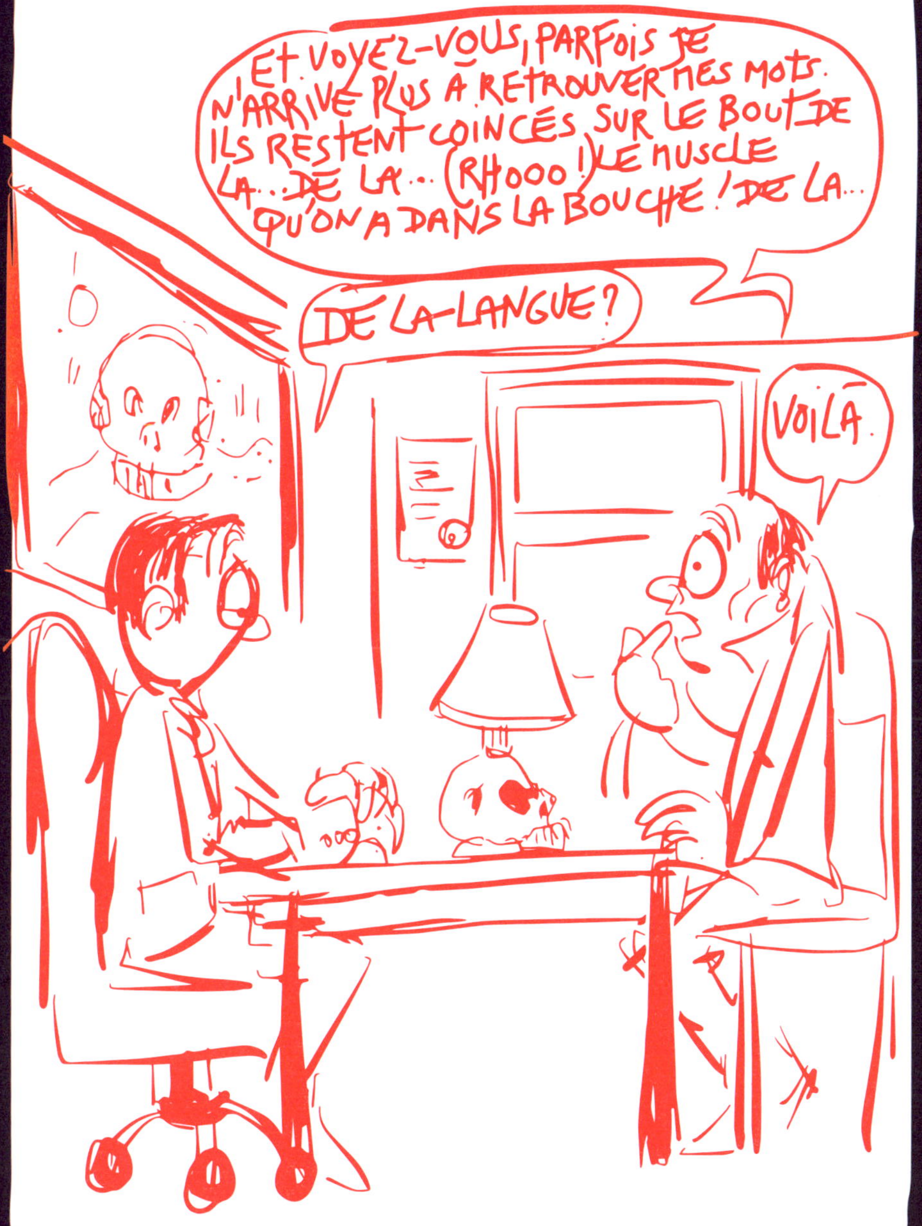

— Je reviens de chez le... le...
— Le garagiste ?
— Non ! Le... le... tu sais, le...
— Le coiffeur ? Le tanneur ? Le grutier ?
— Te fous pas de moi ! Le gars qui te masse...
— Le kinésithérapeute.
— Voilà ! Et j'ai RDV jeudi à son... son...
— Domicile ? Port de pêche ? Cabinet ?
— Voilà !

Petite leçon d'articulation !

Saviez-vous qu'il existe un terme savant pour qualifier ce « bout de langue » ? Il s'agit de *l'apex* signifiant en latin *pointe*. En phonétique on qualifie d'*apical* les lettres prononcées avec la pointe de la langue – comme le « t », le « d » ou le « n »… Avouez qu'en lisant ce passage vous avez vérifié par vous-même !

La phonétique, et notamment la phonétique articulatoire, s'intéresse en effet aux positions et mouvements des organes utilisés pour la parole – on parle ainsi d'*articulation labiale* pour les lèvres (« p », « b », « m ») ou encore *alvéolaire* pour les dents (« s », « z »), *palatale* pour le palais (« i », « e ») ou encore *uvulaire* pour la luette vibrant contre le dos de la langue (« r »).

Cela se complique encore lorsque l'on mixe les concepts en *labio-palatal, apico-labial, alvéolo-palatal…* On en a bavé mais on se couchera moins alpha-bête ce soir.

Les causes de cette perte temporaire de mémoire sont nombreuses : âge, ébriété – on parle alors de « mots sur la langue chargée »... Mais si les symptômes persistent, il est important de consulter son médecin. Le terme scientifique de cette pathologie est *aphasie léthologique* – ce terme technique si difficile à retenir pour nommer cette maladie est un comble !

IL LÉTHÉ UNE FOIS

Léthologique vient du grec *Lêthê*, « oubli », et *logos* qui signifie « langage ». Si l'on remonte à la mythologie grecque, le *Léthé* était le nom donné au fleuve des Enfers, les âmes des morts s'y désaltéraient pour oublier leurs souvenirs... Et nous imaginons aisément qu'à cet instant vous buvez nos paroles.

> AVANT DE PARLER À CELUI QUI ENTEND MAL, TOURNE SEPT FOIS TA LANGUE DANS SES OREILLES.
> Philippe Geluck

La petite HISTOIRE

À toutes fins utiles et en dernier recours – si tous les moyens de recouvrer la mémoire du mot sont épuisés – il vous reste toujours la possibilité de *donner votre langue au chat*… Mais d'où vient cette expression ?

Au XVIIe siècle, sous la plume de Madame de Sévigné, on trouve l'expression «jeter sa langue au chien», comme des restes lancés à la fin d'un repas. C'est au XIXe siècle qu'elle se transforme en «donner sa langue au chat». À cette époque, le chat est considéré comme un véritable gardien de secrets : lui donner sa langue, c'est lui donner la parole pour qu'il puisse résoudre une énigme et donner la bonne réponse.

ÊTRE AVARE DE SES MOTS

On peut être avare de ses mots et exprimer l'essentiel, au bon moment. On peut même dire beaucoup en peu de mots. Attitude qui donne à la femme ou à l'homme un côté mystérieux. Ce n'est donc pas un défaut particulier. Il y a de la retenue dans cette expression, avec un poil de reproche tout de même… Bon, reconnaissons-le, on peut aussi être avare de ses mots car on n'ose pas intervenir, ou que l'on n'a jamais grand-chose à dire et peut-être même parce qu'on est inculte, conscient de l'être et taraudé par ses complexes.

Souvent les gens avares de leurs mots sont aussi un peu trop discrets, voire insipides. On peut les nommer *falots*. Durant la guerre de Cent Ans, la France était en partie occupée par les Anglais et un nombre incalculable de leurs expressions et mots sont entrés dans notre langage. Ainsi, « *good fellow* » (toujours employé) désignait le super copain optimiste et blagueur. Rabelais l'écrivait « *good fallot* ». Sous l'influence de notre « *pâlot* », le sens a dérivé pour désigner un personnage ennuyeux et fade.

> UN QUI N'ÉTAIT PAS AVARE DE SES MOTS C'EST HARPAGON, L'AVARE DE MOTS-LIÈRE !

LOQUACE-TOI !

Société... Déficit... Devoir virer certains

Dans la catégorie « avare de ses mots », il est possible de cumuler. Un personnage peut être à la fois peu loquace, falot, laconique et... lapidaire. Le mot *lapidaire* (attesté au XIIIe siècle) dérive de la pierre précieuse lapis et désignait le tailleur de pierres. Vers 1704, le mot a évoqué le « style des inscriptions gravées sur la pierre », c'est-à-dire « concis, succinct ». En 1840, par glissement, l'expression a pris le sens de « frappant, percutant ».

QUESTION À LACON

La palme de la concision lapidaire revient à Victor Hugo. Voulant s'informer des ventes des *Misérables*, il envoya à son éditeur une lettre contenant simplement un « ? ». La réponse de son éditeur – tout aussi laconique et tellement parlante – fut « ! ».

L'avare de ses mots peut encore très bien se faire comprendre par de simples onomatopées, comme le prouve le merveilleux dialogue ci-dessous :
« - Dis-donc Paul, tu en penses quoi de la nouvelle stratégie marketing ? Ils veulent déplacer nos bureaux en province et poursuivre la politique de compression de personnel.
- Groumph ! »

Ce « groumph » (grognement) assez explicite résume à lui seul la position déterminante de notre ami Paul. Il n'est pas favorable à la décision, il râle, il conteste, il maugrée. On aurait tout aussi bien pu avoir « aïe » (douleur), « argh » (étranglement), « aaaaah » (cri d'effroi), « badaboum » (chute d'émotion), « bang ! » (je me tire une balle), « bouooouuhh » (pleurs), « euh » (incompréhension), « hum, hum » (réflexion et analyse), « toc, toc » (avec le doigt sur la tempe pour marteler que les dirigeants sont fous)... et tant d'autres !

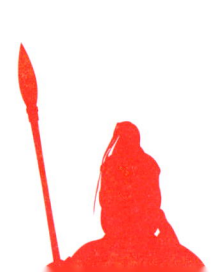

La petite HISTOIRE

On dit souvent d'un locuteur avare de ses mots qu'il fait des réponses laconiques. Pourquoi ? Au sud de la Grèce, les Laconiens, habitants de la Laconie, avaient la réputation d'être peu loquaces. On raconte qu'un jour, le roi Philippe II de Macédoine envoya un message pour être reçu à Sparte, leur capitale. La réponse fut concise et sans fioritures : « Non ». Fou de rage, le roi répondit : « Si je viens jusque chez vous, je raserai votre ville ». Pour toute réponse, il reçut un fort laconique : « Si… ». Un seul mot suffit aux Laconiens pour annoncer qu'ils doutaient fortement de l'éventualité d'une telle attaque.

Autre exemple. En 403 avant J.-C., les soldats de Sparte annoncèrent sans détour à leurs concitoyens leur victoire sur Athènes, qui mettait fin à la guerre du Péloponnèse. Leur missive se formulait ainsi : « Athènes prise. »

LES MOTS QUI N'ONT AUCUN SENS

Le sens, d'une importance capitale pour notre communication quotidienne, est le reflet d'un besoin permanent de sécurité, d'une quête de repères et d'orientations pour toutes les informations que nous échangeons. En témoignent les locutions suivantes : *le bon sens, le sens de la vie, le sens de l'histoire, le sixième sens,* et tant d'autres, comme *frappé au coin du bon sens,* qu'on essaie de mettre en pratique pour *ne pas perdre le sens commun.*

Même s'il est rare de tenir des propos absurdes, dépourvus de logique, à moins d'être parfaitement incohérent ou de ne pas maîtriser la langue, on use néanmoins parfois sans le vouloir de « barbarismes », ces fautes grossières de langage, dénuées de sens, justement. Mais « barbarisme » n'est pas le seul terme adéquat pour y référer. Voyez plutôt la page suivante…

> UNE POMME PAR JOUR ÉLOIGNE LE MÉDECIN… POURVU QUE L'ON VISE BIEN.
>
> Winston Churchill

Baragouin : jadis, les paysans bretons qui montaient à la capitale pour demander l'hospitalité dans les auberges, réclamaient dans leur langue du pain, *bara* et du vin, *gwin*. Ils n'étaient en général pas compris des Parisiens qui utilisèrent le verbe *baragouiner* pour qualifier leur façon de s'adresser à eux, et qui est passé dans l'usage dans le sens de « parler une langue qui paraît barbare à ceux qui ne la comprennent pas ».

Sabir : ce mot désigne un jargon construit entre locuteurs parlant des langues différentes mais devant communiquer entre eux. Déjà Molière, dans son ballet turc du *Bourgeois gentilhomme* écrit : "Se te sabir, Te responder" (« Si toi savoir, toi répondre »). *Sabir* vient de *saber* (« savoir » en espagnol) et désignait le mélange de français, d'arabe, d'espagnol et d'italien parlé dans le bassin méditerranéen pour faire du commerce. C'est pourquoi il a aujourd'hui le sens de langage hybride, fait d'emprunts, et difficilement compréhensible.

Charabia : ce mot vient sans doute du provençal *charra* « converser », issu d'un radical onomatopéique *tcharr-* « bruit confus de paroles ». Au XIXe, il a été attribué comme sobriquet ethnique aux Auvergnats à cause de leur prononciation palatisée du « s », interprétée à tort par les Parisiens comme un « ch ». Par généralisation, *charabia* a pris le sens moderne de « langage incompréhensible, à cause de son incorrection ou de son caractère hyper-spécialisé ».

S'il arrive qu'on se trompe, on cherche quelquefois volontairement l'incohérence ou l'absurdité, par humour. Rendons en cela hommage à nos amis anglais qui ont pour ainsi dire inventé le « sens de l'humour ». Sens dont, n'est-ce pas un comble, le non-sens est la marque de fabrique. Il s'agit en effet de faire rire en dénaturant une réalité pour en créer une autre. Les mots perdent ainsi leurs sens pour s'en approprier de nouveaux.

Savez-vous que le mot *humour*, emprunté à l'anglais au xviiie siècle pour qualifier un tempérament joyeux, apte à envisager les choses sous un angle comique et décalé, est en fait issu du mot bien français *humeur*. Du latin *humor* (eau, fluide), *humeur* désignait initialement les liquides présents dans les organismes vivants (sang, salive, bile...) pour renvoyer ensuite à un état de caractère d'une personne. Dans la médecine de jadis, on pensait que les variations de l'humeur étaient dues aux fluides corporels. On distinguait ainsi les « bonnes humeurs » et les « méchantes humeurs », au nombre de quatre : sang, bile jaune, bile noire, flegme, qui induisaient autant de types humains — le sanguin, le bilieux, le mélancolique et le flegmatique (tiens, tiens ? on retrouve le flegme anglais !)

> ILS AVAIENT LE REGARD TRISTE ET SOLENNEL DES ANGLAIS QUI S'AMUSENT.
> **Somerset Maugham**

Un des sens

Et si l'on s'amusait à raconter une histoire en n'utilisant que des mots qui n'ont aucun sens alors qu'ils en avaient tant auparavant ?

Je bus mon dernier **métier**, puis je plaçais le **moine** dans le lit et ma **garce** s'y glissa délicatement. Elle tritura un instant mon **babouin**, puis retira sa **marmotte** et enleva mon **bureau** pour je sois plus à l'aise. Elle caressa doucement mon **couturier** qui me faisait souffrir et qu'elle voulait plus **morbide**. Elle avait la **morgue** délicieuse.

Traduction :

Je bus mon dernier **métier** (liqueur tirée du houblon), puis je plaçais le **moine** (ustensile servant à chauffer les draps) dans le lit et ma **garce** (femme) s'y glissa délicatement. Elle tritura un instant mon **babouin** (petit bouton qui éclot au coin des lèvres), puis retira sa **marmotte** (sorte de coiffure de femme) et enleva mon **bureau** (étoffe en laine grossière) pour je sois plus à l'aise. Elle caressa doucement mon **couturier** (muscle autour du tibia) qui me faisait souffrir et qu'elle voulait plus **morbide** (délicat, souple au toucher). Elle avait la **morgue** (mine) délicieuse.

La petite HISTOIRE

Quel est le point commun entre les mots *kayak*, *selles*, *radar* et *ressasser* ? Ils font partie des mots de la langue française qui ont la particularité de n'avoir aucun sens, dans le sens (justement) où ils peuvent se lire dans tous les sens. Ce sont, en terme savant, des *palindromes*, mot emprunté au grec *palindromos*, « qui court en sens inverse, qui revient sur ses pas ». Le mot a été introduit pour désigner une sorte de vers (puis une phrase), ou un mot, ou un groupe de mots qui peuvent se lire indifféremment de gauche à droite et de droite à gauche. Exemples :

- La mariée ira mal.
- Sète sonne en nos étés.
- Tu l'as trop écrasé, César, ce Port-Salut.
- Et la marine va, papa, venir à Malte.
- Un drôle de lord nu.
- Eh ! Ça va, la vache ?

Évoquons le grand palindrome de Georges Perec *Au Moulin d'André*, de 1247 mots. Avouons-le… nous l'avons relu et… toujours rien compris.

Certains mots ont évolué de telle sorte que ce qu'ils voulaient dire à une époque ne correspond plus à leur sens d'aujourd'hui.

Chagrin
Cuir grenu, fait d'une peau de mulet ou d'âne.

Bouillotte
Jeu de cartes.

Bouquin
Vieux bouc. Sentir le bouquin.

Bâcler
Fermer une porte avec une barre de bois ou de fer. Bâcler un port : le fermer avec des chaînes.

Courante
Ancienne danse qui se dansait sur un air à trois temps.

Affiche
Sorte de filet de pêche en entonnoir où se précipitaient les poissons.

LES MOTS ILLISIBLES

Qui n'a jamais subi l'opacité d'une ordonnance si mal rédigée que même le plus grand pharmacien égyptologue expert en hiéroglyphes n'est jamais parvenu à la décrypter, malgré des heures d'analyse graphologique ?

« Prendre 1 cachet par jour durant 15 jours ou 15 cachets par jour durant 1 jour » ? Le syndrome de la « patte de mouche » (également appelé « écriture de cochon ») touche souvent le corps médical et a pour conséquence de nous faire confondre le *Génésérine*, médicament pour les digestions compliquées, et le *Ginéservice*, un contraceptif. La pilule risque d'être dure à avaler, avec des dégâts collatéraux (quant à eux difficiles à digérer...).

Mais il n'y a pas que chez les médecins que les vocables peuvent nous sembler incompréhensibles. Si l'on tente de nous apprendre à écrire soigneusement à l'école, avec l'âge, notre style dévie des standards et s'oriente davantage vers un aspect qui nous est propre, qui traduit nos pensées et notre caractère.

L'avènement des nouvelles technologies nous a de surcroît fait perdre le réflexe de l'écriture manuscrite. Fini les lettres à la plume, les petits mots glissés sur l'oreiller. On s'envoie des sms, des snaps, des tweets, des posts. Les réseaux sociaux et leurs limites de format de messages ont aussi fait émerger de nouvelles formes d'écriture – dialogues plus courts, percutants et souvent parfaitement illisibles pour les non-initiés.

La petite HISTOIRE

Il est entendu de tous qu'une écriture lisible est une écriture aérée, soignée et usant de mots correctement orthographiés.
Et pourtant ! Des scnietfiquies ont déocuvret que le cveraue ets dtoé ed capciatés éotanntes liu premtetant ed décoder sed mtos – a pirori totemalent illisbiles cra écirts en ivnersnat ceratines ltteres – cette découverte scientifique marque la faillite assurée des ortohphnosites, grapohthréapetues et autres grapohmtoriceins… et la mrot de l'orgotraf ?

CAPTCHA, KÉSAKO ?

Certaines écritures sont si torturées qu'aucun robot – si sophistiqué soit-il – ne sera jamais capable de les déchiffrer. Face à ce constat, des universitaires américains ont eu l'idée en 2000 de créer le *captcha*. Mais qu'est-ce qu'un *captcha* ? Un chapeau traditionnel scandinave ? Une péninsule volcanique de l'Extrême-Orient russe ? Nada ! Sous ce terme barbare, se cache un test informatique chargé de protéger l'accès à vos sites, grâce à la détection de robots malveillants tentant de hacker ou spammer votre compte. CAPTCHA, c'est l'acronyme anglais de *Completely Automated Public Turing test to tell Computers and Humans Apart* (ce serait bien de traduire un jour cet acronyme car si nous le faisons nous-mêmes, cela donnerait : « Complètement Automatisé Public Test de Turing pour dire Ordinateurs et Appartements d'Humains ». Quand on vous parlait de mots illisibles !).

Cette technique consiste à recopier une série de caractères déformés, afin de permettre de différencier de manière automatisée un ordinateur et un utilisateur humain. Ce test ne peut être réussi que par un être humain... En théorie, car ces codes pouvant être rayés, écrits en majuscules ou minuscules, dans des polices et tailles de caractères différentes, ils en deviennent parfois parfaitement illisibles... Prouver que l'on est humain peut nécessiter parfois un effort surhumain !

Veuillez recopier le texte ci dessous
pour valider votre mot de passe

Dico SMS-Français et Français-SMS

Nos ados usent souvent d'un langage codé, rapide, indéchiffrable pour les ennemis que sont les darons et autres complotistes anti-jeunes.

> Jpp jé u mé not – msk suis mdr et oit ?

> Tkt ma reum a u l'1fo el le prend bi1

> Mdr cé dla bal

> Oklm viens bf chez ouam on sen blk

> Yolo

> Mdr

Traduction :

– Je me gausse. Je viens d'avoir mes appréciations… Mon pauvre, je ne fais qu'en rire. Et toi donc ?
– Ne te tourmente pas, ma mère en fut informée et s'en accommode.
– Voilà qui me fait sourire. C'est épatant en tous points.
– En toute quiétude, viens donc souper chez moi, ne nous formalisons pas de tout cela.
– On ne vit qu'une fois !
– Tu es si cocasse.

LE TRAÎTRE MOT

L'expression « ne pas dire un traître mot » signifiait à l'origine le fait de ne pas parler de quelque chose. En réalité il était plus juste de se servir de la variante « ne pas dire le traître mot », à savoir, le mot qui trahit. Aujourd'hui cette expression s'entend comme « ne pas dire un *seul mot* », l'adjectif *traître* intensifiant la négation. Serait-ce une preuve que tous les mots pourraient être suspectés de haute trahison ?

Ne pas dire un traître mot c'est aussi garder le silence le plus complet, se terrer dans un mutisme absolu, afin de ne pas se trahir, de ne pas cracher le morceau...

> LA PAROLE A ÉTÉ DONNÉE À L'HOMME POUR DÉGUISER SA PENSÉE.
>
> Talleyrand

La petite HISTOIRE

Julius et Ethel Rosenberg, un couple d'Américains communistes convaincus d'espionnage pour le compte de l'URSS, furent exécutés sur la chaise électrique en 1953. Peu avant son exécution, Ethel écrivit : « Mon mari et moi sommes innocents, nous ne pouvions trahir notre conscience ». On leur avait proposé la vie sauve en échange d'aveux…

Que dire également de Jean Moulin, qui dirigea le Conseil national de la Résistance durant la Seconde Guerre mondiale et qui fut rattrapé par la Gestapo ? Sous la torture, il ne parla pas et l'on sait le tragique destin que fut le sien.

On peut également ne pas *comprendre* un traître mot, dans le sens où l'on n'entend rien à ce qui nous est exposé. Voici un exemple :

LUI *(fébrile)* – Excusez-moi, monsieur le percepteur des impôts, mais je ne comprends pas un traître mot de ce que vous me dites ! C'est quarante mille euros que vous me devez ou que je vous dois ?

PERCEPTEUR *(silence navré)* – …

LUI *(blêmissant)* – Vous êtes sûr ?

PERCEPTEUR *(usant de manière sournoise d'un jargon que seuls les fonctionnaires chargés du recouvrement sont habilités à employer et qui provoque inévitablement chez tous les contribuables un abattement total – à défaut d'être fiscal).* – Compte-tenu du prélèvement libératoire forfaitaire, indexé sur la taxation du barème progressif et du dégrèvement plafonné de votre revenu foncier, vous seriez passible d'une taxation basée sur l'assiette d'assujettissement.

LUI *(paniqué)* – Et… heu… c'est plutôt bon pour moi, ça ?

PERCEPTEUR *(d'un ton ferme)* – Il faudra envisager une surtaxe pour non payement des arriérés fiscaux imputable à l'année 2018, suivie d'un redressement opérable aux fins de justificatifs des actifs non fournis et d'une amende forfaitaire. De plus, je note un différentiel du coût de vos charges locatives en contradiction avec les dividendes perçus dans l'année écoulée des barèmes en référé…

LUI *(perdu)* – Vous pouvez répéter la question ?

Déclaration que le contribuable n'a donc pas assimilée. Il se sent pris en traître, n'a pas compris un traître mot et sera incapable d'émettre un traître mot pour se justifier.

Hôte trahison

Plus jeune, l'un des auteurs de cet ouvrage se trouvait en Angleterre dans une famille d'échanges interscolaires. Il baragouinait alors la langue de façon très personnelle ; une sorte de ragoût franglais qui, finalement, ne faisait honneur à aucun des deux pays.

Paul, le fils de la famille *british* qui le recevait, lui tendit la liste des commissions bien rédigée. Notre auteur entra fièrement dans la supérette et s'adressa alors au vendeur :

« Hello sir ! A packet of butter, asshole. Three slices of ham of my butt and one hundred grams of shit, fool, please. »

La traduction, *fidèlement* retranscrite, est la suivante : « Bonjour monsieur ! Un paquet de beurre, trou du cul. Trois tranches de jambon de mes fesses et cent grammes de merde, imbécile, s'il vous plaît. ».

On vous laisse imaginer la réaction circonspecte du détaillant et les rires nigauds de Paul et de ses copains, planqués derrière une voiture sur le trottoir d'en face. Ici, on parlerait de mots pour prendre en traître, plutôt que de traîtres mots, mais le résultat est le même !

Mais il y a plus gênant encore. Ne niez pas ! Tout le monde ici a vécu ce phénomène et n'en est pas sorti particulièrement glorieux... On veut parler de cet accident de langage où l'on se trahit soi-même. Personne n'est à l'abri de ce traître mot, celui qui dépasse notre pensée : le terrifiant *lapsus linguæ*, dit plus simplement *lapsus* (*trébucher* en latin).

Qu'il soit dû à la proximité phonétique d'un mot ou au remplacement accidentel d'un autre (on parle d'*employer* un mot pour un autre), on se fait tous prendre à son terrible piège un jour ou l'autre.

MA FOURCHE A LANGUÉ

Freud a évoqué ce phénomène dans *Psychopathologie de la vie quotidienne*. Il démontre que le lapsus correspond à « l'émergence des désirs inconscients, d'un conflit intérieur et de pensées refoulées ». C'est pourquoi si souvent il revêt un caractère sexuel qui marque les esprits et fait rire (grassement). Mêmes les femmes et hommes politiques, pourtant habiles tribuns, se font piéger. La preuve en quelques exemples authentiques : la baise des impôts, durcir un sexe de lois, le premier pénis de la France...

Lapsuspicion d'erreur

Si l'on évoque surtout le *lapsus linguæ* comme étant le plus courant, c'est parce qu'il a trait au langage. Il existe toutefois plusieurs autres sortes de *lapsus* :
- Le *lapsus memoriæ* ou le trou de mémoire qui vous fait même confondre les prénoms de vos enfants.
- Le *lapsus calami* ou *scriptæ* qui concerne les erreurs commises à l'écrit.
- Plus récemment est apparu le *lapsus clavis* désignant les erreurs faites au clavier. Et pour cause : le correcteur automatique d'orthographe ! Redoutable pour tous ceux qui postent des textes sur les réseaux ou envoient des SMS. Celui-ci est parfaitement incontrôlable et l'on peut vraiment parler de traîtres mots si l'on ne se relit pas.

Les plus courants chez les deux auteurs que nous sommes : « Je te fais une grosse buse », « J'adore comme tu t'es habitée ce matin », « À très bite ». Oh joie de l'écriture prédictive et du convecteur orthophonique de frappe…

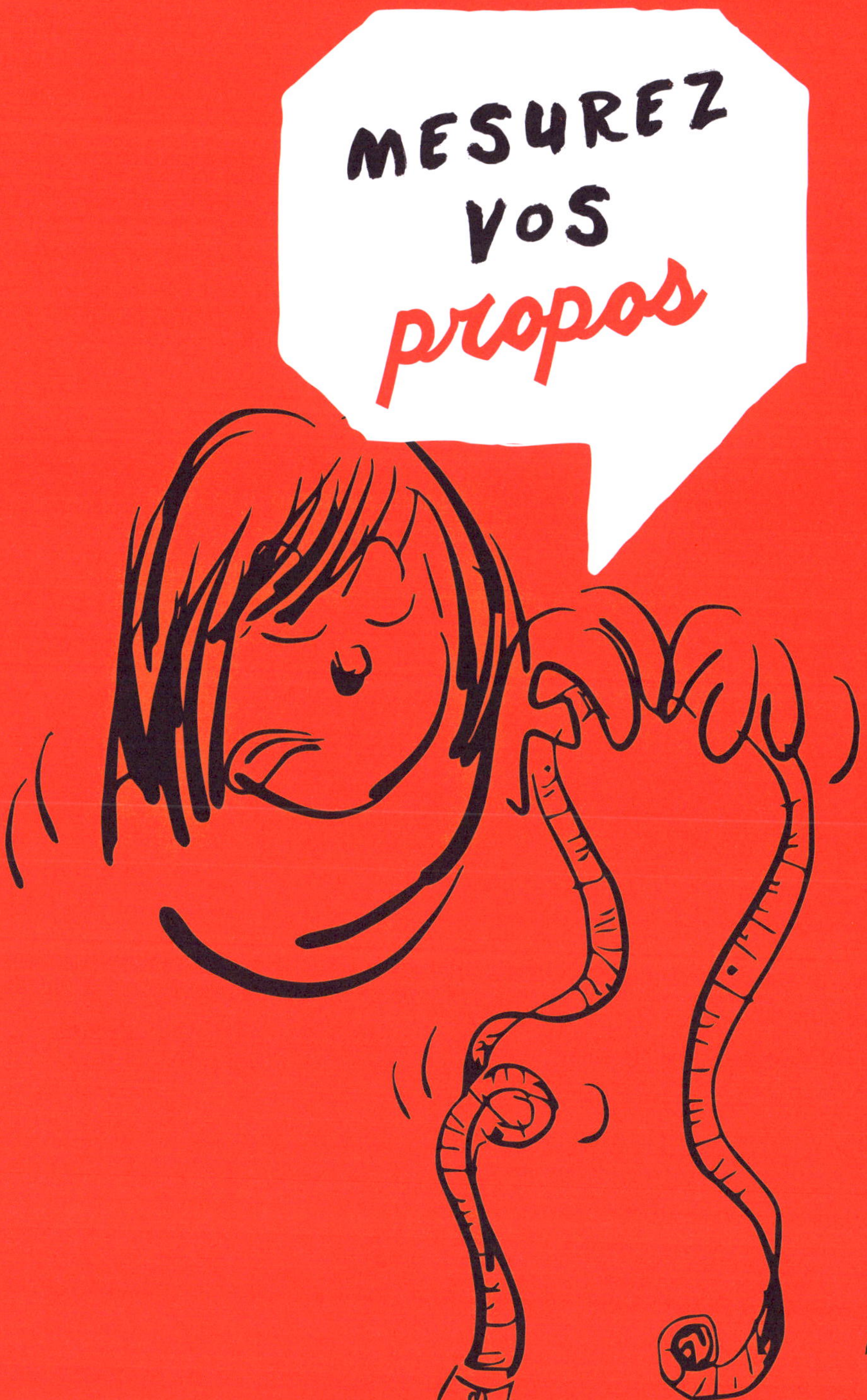
MESUREZ VOS propos

LES FAMILLES DE MOTS

Une manière radicale pour reconnaître les mots d'une même famille ? Chercher s'ils ont en commun le même radical, justement, c'est-à-dire la même racine, le même ADN (de son petit nom l'*étymon*). Tout part d'un mot : *chant*, *dent*, *jour*, *tenir*... Dès lors, toutes les combinaisons sont possibles en y ajoutant des *préfixes* (qui se placent devant le radical) et/ou des *suffixes* (qui viennent se coller derrière). À l'image d'une vraie famille et des personnalités différentes qui la composent, ces groupes de mots peuvent être des noms, des adverbes, des adjectifs ou des verbes (*vol*, *voler*, *survol*, *s'envoler*, *convoler*, *volière*, *volage*...). Tout cela est finalement très éty-mot-logique !

À ce jour, la législation grammaticale interdit cependant l'accueil de pièces rapportées et la constitution de familles recomposées. Les mots *volontaire* ou *volcan* (du latin *Vulcanus* – Vulcain, dieu romain du feu) ou encore *volume* ne pourraient être accueillis au sein de la famille de *vol*, même si leurs similitudes et leur air de famille sont troublants.

La petite HISTOIRE

Sachez que le mot *chou* (du latin *caulis*, « chou ») n'a en fait rien à voir avec la *choucroute* qui est un emprunt de l'alsacien *sûkrût* et de l'allemand *Sauerkraut* qui signifie « herbe aigre ».

Quant à *forcené*, qui évoque spontanément la force, il est en fait issu de l'ancien verbe *forsener* (de *fors* « hormis » et *sen* « sens »), qui signifie littéralement « être hors de sens ».

* * *

Une *girouette* est un objet tournant en fonction des vents (ou une personne changeant régulièrement d'avis). On apparente souvent son origine au verbe *girer* (« tourner ») et *rouette* (une branche fine qui servait autrefois à lier les fagots). Mais on avance aussi que girouette pourrait provenir du vieux scandinave *vedrviti* (de *veor* « temps » et *viti* « qui indique »). Elle désignerait alors littéralement un objet qui donne des indications sur le temps.

Là où l'histoire (de famille) se corse, c'est que parfois certains mots de même famille ont juste en commun quelques lettres et qu'il n'existe donc pas de moyen radical de les identifier – sauf à détecter des analogies de sens. Et comme si cela ne suffisait pas, seule une recherche généalogique pour remonter aux racines grecque ou latine des mots permet de repérer les liens de parenté. Quelques exemples parmi tant d'autres :

• *lait* et *lacté* (connu et assez évident)

• *potion* et *poison* (étymon latin commun *potio*, « action de boire »)

• *sage* et *savoureux* (issus respectivement des mots latins *sapidus* et *saporosus*, tous deux de la famille étymologique de savoir)

• *pied* et *péage* (du latin *pedaticum*, « droit de mettre le pied, de passer »)

De quoi perdre son latin !

> ÉTYMOLOGIE :
> LE CASIER
> JUDICIAIRE
> DES MOTS.
>
> **Roland Topor**

JE PERDS
MON LATIN
AVEC MON GPS :
CHAQUE FOIS
QUE JE LE
BRANCHE
IL ME DIT
D'« ALLER
À JACTA EST » !

#HeureusementJeNeLAiPayé
QueSeizeArrhes

On ne choisit pas sa famille

On atteint là un niveau de complexité extrême en termes d'affaires familiales. Il est en effet des catégories de mots que tout oppose (même leur sens premier) mais qui sont pourtant apparentés. Saurez-vous associer les mots suivants ? Reliez-les par familles. Un indice : chaque paire commence par la même lettre…

        Chrétien o   o Virgule
        Public o   o Humble
        Verge o   o Crétin
        Homme o   o Pubis

Réponses :
Crétin est un mot régional du Valais, où le crétinisme existait à l'état endémique, issu du latin *christianus*, « chrétien », employé par commisération.

Pubis, du latin *pubes*, désigne le poil caractérisant la puberté ou encore l'âge de prendre les armes pour défendre la République.

Virgule provient du latin *virgula*, diminutif de *virga*, « petite verge ».

Humble provient du latin *humilis*, « près de la terre, modeste, humain ».

Trouvez l'intrus !

Préfixe : déchanter, enchanter, rechanter, échanson
Suffixe : chantonner, chantier, chansonnette, chansonnier

Préfixe : ajourner, abat-jour, ajourer, bonjour, au revoir, séjourner
Suffixe : journalier, journaliste, journée, journée pourrie

Réponses (c'est *Le Petit Robert* qui le dit) :
Un *échanson* était « anciennement un officier d'une maison royale ou seigneuriale, dont la fonction était de servir à boire à la table du prince ». On le *note*, rien à voir avec la chanson…

Un *chantier* est « un lieu où sont rassemblés des matériaux, où l'on procède à des travaux ». Vous *chantiez*, j'en suis fort aise…

Au revoir est « une formule de politesse par laquelle on prend congé de quelqu'un que l'on pense revoir ». À bon entendeur, *salut* !

Pourri signifie au sens propre « corrompu ou altéré par la décomposition ». Bien que cela puisse correspondre à l'analyse de votre journée, c'est bien la définition familière qui s'applique : « Très mauvais, insupportable ».

LE POIDS DES MOTS

S'il est établi depuis l'âge de bronze – par un phénomène défiant toutes les lois de la pesanteur – qu'un kilo de plumes pèse autant qu'un kilo de plomb, il arrive fréquemment qu'un même mot pèse plus ou moins, selon le contexte dans lequel il est employé.

Pendant l'enfance, s'entendre dire : « Tu as toujours été moins fort à l'école que ton frère », « mais pourquoi j'ai eu un deuxième enfant ? », « tu n'es pas aussi belle que ta sœur, mais tu es très intelligente », phrases souvent lancées sous le simple coup de la colère, peut ainsi avoir un impact dévastateur, générant des années plus tard des complexes et des angoisses.

Autre cas. Lorsque votre femme vous demande : « Chéri, tu n'aimerais pas que l'on ait un bébé ? », et que vous lui répondez : « Un bébé ? Super ! Mais plutôt un bébé panda, un bébé yorkshire ou un bébé chaton ? », là, c'est vous qui êtes lourd...

Le jour de votre anniversaire, si vous recevez un cadeau qui vous touche, la formule « ça me va droit au cœur » aura un sens aimable et vos amis apprécieront. Mais si vous êtes le maréchal Ney, le « brave des braves », conduit à l'Observatoire pour y être fusillé et que vous vous écriez « soldats, *droit au cœur* ! », admettez que les mêmes mots sont alors plus lourds d'effets.

LE POIDS DÉMO

Certains se souviennent du célèbre slogan de *Paris-Match* imaginé par Jean Cau en 1978 et ornant sa une : « Le poids des mots, le choc des photos ». Aujourd'hui, on pourrait inverser le slogan et évoquer tout aussi bien « Le poids des photos, le choc des mots » tant les titres et les images de certains articles se partagent équitablement le sensationnel.

> À 91 ans, il réalise enfin son rêve : enfoncer une porte de garage au volant d'une voiture.
>
> **Lepoint.fr**, en légende de l'interview filmée d'un vieux monsieur.

> Rennes : Sa femme accouche, il vole le placenta et s'enfuit.
>
> **La Dépêche**, sous la photo d'une main de maman qui tient celle d'un bébé

> L'adolescent se masturbait à chaque passage du tracteur.
>
> **Le Progrès**, accompagnant la photo d'une enseigne de police

Remontons un peu plus loin dans l'Histoire. Le célèbre « Qu'ils mangent de la brioche ! », lancé en 1789 par Marie-Antoinette alors qu'un officier lui expliquait que le peuple manifestait pour avoir du pain, a-t-il été prononcé à dessein, par pure ironie, cynisme ou naïveté ? Ce qui est sûr, c'est que ces mots, légers dans l'esprit de la reine, mais accablants pour le peuple, ont été en partie la cause de la Révolution. Les mots aussi peuvent faire perdre la tête !

La petite HISTOIRE

Utilisé sur de nombreux réseaux sociaux, le hashtag est apparu le 23 août 2007. Chris Messina, ingénieur chez Google, en est l'inventeur. Il a utilisé pour la première fois le symbole # pour regrouper des discussions autour des mêmes thèmes et créer ainsi des flux d'informations partageables. Cet usage s'est rapidement développé à tel point que le hashtag est à lui seul porteur de sens (#JAimePasLesChatons, #TuSaisQueTuEsParisienQuand, #BalanceTonporc, #JeSuisCharlie…).

Mais saviez-vous que *hashtag* n'est pas un vrai anglicisme ? S'il est en effet issu de la contraction anglaise de *hash* («hâcher») et *tag* («étiquette»), *hash* est issu du vieux français *haché*. Encore un de ces mots qui est passé dans la langue anglaise par l'intermédiaire des barons normands, ces compagnons de Guillaume le Conquérant, qui ont parlé français en Angleterre pendant plus de deux siècles. Une preuve de plus que le langage peut parfois nous jouer des tours…

LES MOTS QUI EN DISENT LONG

Les mots qui en disent long sont souvent les plus courts. Les interjections en sont la parfaite illustration. Pour exemple, le célèbre *Comic Strip* de Serge Gainsbourg – assemblage d'onomatopées – qui dans une lecture au premier degré semble emprunter un langage issu des bandes dessinées, mais qui lors d'une lecture plus approfondie, ne laisse aucune ambiguïté sur ses intentions cachées. Ici encore, ces mots si courts tels des sons en disent long... très long.

« Viens petite fille dans mon *comic strip*
Viens faire des bull's, viens faire des WIP !
Des CLIP ! CRAP ! des BANG ! des VLOP ! et des ZIP ! SHEBAM ! POW ! BLOP ! WIZZ ! »

Le monde politique a également intégré cette capacité des mots à interpeller l'imaginaire collectif. Un bon mot bien placé sera plus efficace qu'un long discours. Véritables éléments de communication, ces mots si bien sentis et qui font mouche, ont réussi à immortaliser des moments de l'Histoire.

« L'État, c'est moi » – Louis XIV, 1655

« Je vous ai compris » – Charles de Gaulle, 1958

« Vous n'avez pas le monopole du cœur » – Valery Giscard d'Estaing, 1974

« Moi, Président » – François Hollande, 2012

Cachez cette origine que je ne saurais voir

Nous employons des mots usuels qui en disent moins qu'ils n'en disaient lorsqu'ils en disaient plus qu'on ne le dit de nos jours (autrement dit, des mots qui avaient plus de poids que leur usage aseptisé d'aujourd'hui). Pour faire court, pardon d'être si long.

Ainsi, savez-vous que le mot *travail* vient de la famille étymologique de *pieu* ? Le *tripalium*, machine comprenant trois (*tri*) poteaux (*palium*), était utilisé comme l'instrument de torture du même nom à l'origine de *travailler* qui évoque d'abord le tourment, la douleur.

Une révélation qui en dit long sur ses sinistres origines. Le travail ne serait donc pas la santé ! Comme quoi, rester au pieu un lundi matin serait finalement un peu travailler, sans véritable gêne.

Quoique le mot *gêne* vient de l'ancien français *gehine* («torture») et *gehir* signifiait alors «avouer par la torture».

Et comme tout travail mérite salaire, sachez aussi que *salaire* vient du latin *salarium* – ration de sel versée aux soldats romains pour paiement de leur solde (le sel était rare et avait une valeur immense). L'histoire ne dit pas s'ils avaient également accès à la salière minimum d'insertion (l'ancêtre du SMIC).

JAMAIS UN MOT PLUS HAUT QUE L'AUTRE

Dans le langage courant, lorsque l'on dit d'une personne qu'elle n'a jamais un **mot** plus **haut** que **l'autre**, on ne fait bien sûr pas référence à la police de caractères mais à des traits de son caractère, tels la discrétion, la pondération, le sang-froid. Ne jamais élever le ton : tel est le sens de cette expression.

Si vous êtes la maman d'adorables bambins et que n° 1 a décidé de décorer le mur du salon avec ses nouveaux feutres, alors que n° 2 hurle dans la salle de bain parce que n° 3 a trouvé très cocasse de lui couper une mèche de cheveux, de le badigeonner avec votre dernière crème antirides et que vous ne haussez pas le ton, vous faites partie de cette catégorie. Cette qualité vous sauvera assurément d'un ulcère précoce.

La formule « n'avoir jamais un mot plus haut que l'autre » désigne donc cette propension à une certaine retenue. Nous sommes étonnés que son antonyme n'existe pas. Certes, on a d'autres choix : « dire les mots qui fâchent », « des mots durs », « le mot de trop », « ceux qui blessent », « qui dépassent notre pensée », « des mots déplacés »… mais on ne peut pas avoir positivement un mot plus haut que l'autre.

À travers l'Histoire, les arts, le sport, la mythologie, certains personnages sont connus pour leur flegme ou, au contraire, leur nervosité.

Björn Borg

Surnommé Iceborg – est le symbole du fair-play qui doit régner dans le monde du tennis. Il ne contestera aucune décision d'arbitre et impressionnera par son sang-froid.

John McEnroe

L'ennemi juré du public – est célèbre pour ses colères ordurières. Il cassait des raquettes, insultait les arbitres et provoquait son adversaire.

Hestia

Divinité grecque – est le symbole du foyer et du feu sacré. Elle est considérée comme la plus douce des déesses. Elle ne sortit jamais de l'Olympe et ne prit part à aucun combat entre les Dieux et les Hommes.

Lyssa

Déesse de la beauté et de l'illusion – est connue pour ses colères redoutables. Elle embrouilla l'esprit d'Héraclès qui tua femme et enfants. Ses homologues romaines sont Ira (la colère), Furor (la folie furieuse) et Rabies (la rage).

Jean-Jacques Rousseau

Il était connu pour sa légendaire timidité : « S'il faut agir je ne sais que faire ; s'il faut parler, je ne sais que dire ; si l'on me regarde, je suis décontenancé. » (*Les Confessions*)

Beethoven

Il était connu pour son caractère colérique et pour ses emportements ravageurs. Lors d'un concert, entendant un noble discuter avec son voisin, il s'écria – s'arrêtant de jouer – « Je refuse de jouer pour des rustres ! »

Quiz êtes-vous ?

Voici un petit test qui, au bas mot, vous permettra d'évaluer votre niveau de « jamais-un-mot-plus-haut-que-l'autritude » :

Au volant de votre superbe voiture, arrêté(e) au feu rouge, un autre véhicule vous emboutit :
a : Vous sortez élégamment et affirmez « Oh ce n'est pas grave, que de la tôle, vraiment ce n'est rien… »
b : Non mais t'es sérieux mec ?! hum… bon allez ça va, y'a rien… mais franchement ! Enfin (respire… respire…)… Salut !
c : (Hurlant) P*$£n d'e#$µ§lé de fils de p*# !!!

Votre ado rentre discrètement au milieu de la nuit, il vous réveille alors que vous l'attendiez endormi(e) sur le canapé :
a : Vous l'accueillez comme s'il rentrait de l'école, lui rangez ses chaussures, accrochez son manteau et lui proposez aimablement un smoothie pêche-orange-citron-mangue maison.
b : Mon chéri… Est-ce que tu aurais l'amabilité de me dire à quelle heure je t'avais demandé de rentrer et tenter, par la même occasion, de justifier ton retard. Mais attention, ne me prends pas pour un(e) imbécile … Je t'écoute !
c : FILE TE COUCHER IMMÉDIATEMENT ! TU SERAS PUNI DE SORTIES PENDANT UN MOIS ET JE TE CONFISQUE LES CLÉS DE LA VOITURE !

Votre mari a laissé traîner ses chaussettes au pied du lit :
a : Vous les ramassez et les déposez joyeusement dans le panier à linge en lui susurrant «chéri, j'ai mis tes chaussettes sales dans le panier à linge. Elles étaient sous le lit, coquinou. »
b : Vous les ramassez en lui soulignant qu'une fois de plus vous les ramassez. Et ajoutez : «J'en ai un peu assez de ramasser tes chaussettes ! »
c : «Je n'en peux plus de ton attitude ! Ma mère avait raison et me regarde pas comme ça ! De toute façon rien ne va jamais, je pleure tout le temps en ce moment et toi tu réagis pas ! Tiens ! Et tes chaussettes sous le lit, c'est moi qui dois m'en occuper ? »

Résultats du test
Vous avez un maximum de :
a : Vous faites preuve d'une grande maitrise dans le «jamais-un-mot-plus-haut-que-l'autritude » et gardez votre sang-froid en toutes circonstances. Comment y parvenez-vous ?
b : Vous alternez entre calme absolu et rage intense. Vous dosez difficilement votre humeur. C'est la norme.
c : Pour vous, un mot n'est jamais assez haut et vous avez un sens aigu du verbe haut en couleur. «On vous demande de vous arrêter ! »

LES GRANDS MOTS

Anticonstitutionnellement, avec ses 25 lettres, est référencé dans tous les dictionnaires comme le plus grand mot de la langue française. Pourtant, il existe des mots encore plus longs. S'ils ne sont pas répertoriés dans les dictionnaires, c'est parce qu'ils relèvent d'un champ lexical spécialisé. Ainsi, le diabolique *hexakosioihexekontahexaphobie*, qui désigne la peur du chiffre 666 (le chiffre du diable) – ne faites pas le Malin – comporte 29 lettres. Autant vous prévenir tout de suite, ce mot est impossible à prononcer, à écrire ou à placer au scrabble !

Dans le registre médical, l'*hippopotomonstrosesquippedaliophobie* (on vous défie de lire ce mot jusqu'au bout) représente la phobie des grands mots – si c'est pas un comble ! Paradoxe, et non des moindres, pour soigner son patient, le psychanalyste lui demandera de « mettre des mots » sur sa pathologie…

> LES GRANDS MOTS METTENT TOUJOURS LA VRAIE MODESTIE À RUDE ÉPREUVE.
> — Michel Audiard

La petite HISTOIRE

Cicéron – homme d'État romain, tribun et auteur latin – était connu pour être un orateur hors pair. Reconnu comme le théoricien de l'éloquence, il publiera une incroyable quantité d'ouvrages sur la rhétorique. Grand homme de mots, il laissera à la postérité – outre ses ouvrages – son nom et ce qu'il incarne. Par un phénomène d'antonomase (utilisation d'un nom commun comme nom propre ou inversement) *Cicéron* deviendra le symbole « d'orateur éloquent ». Par extension, le *cicéronage* qualifie le fait de tenir des propos grandiloquents alors qu'un *cicérone* est un guide touristique (généralement prolixe)…

Il existe des quantités de mots dont l'usage a peu à peu disparu, tombé dans l'oubli puis progressivement abandonné. L'excellent livre *Les Grands Mots du professeur Rollin* recense ainsi 99 mots en voie d'extinction. La grandeur des mots vient ici de la rareté de leur usage. On apprend par exemple que le *nycthémère* n'est pas une insulte mais correspond à une unité biologique de temps de 24 heures.

Remarque *liminaire* (préalable) : Lorsque vous employez ces termes *abscons* (inintelligibles) – même dits sans *acrimonie* (agressivité) de manière *péremptoire* (indiscutable) – vos propos peuvent être pris pour des *billevesées* (discours frivoles) ou, à l'inverse, pris pour des *galimatias* (discours embrouillés) qui vous feront passer rapidement pour un *valétudinaire* (malade).

LES APPARENCES SONT TROMPEUSES

Il est aussi des mots que l'on emploie peu car ils peuvent être mal interprétés et vous faire passer pour un grossier personnage. Petit florilège :

La *cuniculture* – n'en déplaise aux amateurs de lecture érotique – est un élevage de lapins.

Le *spermophile* désigne un rongeur amateur de graines. Imaginez que vous en fassiez un sujet de thèse et que lors de votre soutenance, vous vous lanciez dans un exposé *jaculatoire* (court et fervent), il n'est pas certain que votre auditoire apprécie la délicatesse de vos propos.

Par ailleurs, si votre poissonnier vous propose de goûter à un *cénobite*, ne fuyez pas ! C'est en effet qu'il vous propose de déguster un crustacé...

Pour finir, si vous avez l'occasion de rencontrer des *cénobites* dans une communauté, sachez qu'il n'est point là question d'invitation dans un club de rencontres mais bien de rendre visite à des moines vivant en communauté (par opposition à *ermites*).

SE TROUVER EMPHASE

— JE TROUVE QU'ON NE PARLE PAS ASSEZ TOUS LES DEUX. DANS UN COUPLE, C'EST IMPORTANT DE SE PARLER.

— OUI MON ANGE. TU VOULAIS DIRE QUOI MON AMOUR ?

— T'ES QU'UNE MERDE !

EN UN MOT

EN UN MOT…
Passionnant !

EN DEUX MOTS
Livre passionnant !

AU BAS MOT
Un futur best-seller !

EN QUELQUES MOTS
Ce livre est passionnant,
à la fois édifiant et drôle !

EN UN MOT COMME EN CENT
Ce livre est passionnant.
Il est le fruit de recherches poussées
sur la thématique du mot *mot* :
un véritable voyage historique,
culturel et humoristique à travers la langue française.

N'AVOIR QU'UN MOT À DIRE…
Ça ferait un beau cadeau à offrir.

FAUT PAS SE MOT-CLÉ

« ÇA NE VA PAS EN CE MOMENT. JE PLEURE POUR UN RIEN, JE TE TROUVE DISTANT, ON NE RIGOLE PLUS COMME AVANT... ET PUIS JE MÉLANGE TOUT, J'AI DES SENSATIONS ÉTRANGES ET... »

« T'ES ALLÉE VOIR SUR GOOGLE ? »

J'AI DEUX MOTS À TE DIRE

Qui a le premier employé cette formule ? Pourquoi ce malhonnête n'a-t-il pas commencé par « j'ai 347 mots à te dire » ou à la limite : « J'ai environ – à cinq ou six mots près – 4 768 mots à te dire ! » ?

Car voilà, selon nous, l'une des expressions les plus hypocrites de la langue française ! Quelqu'un, parmi nos chers lecteurs, a-t-il déjà entendu un ami, un ennemi, un contradicteur quelconque, voire un pédicure podologue, lui asséner « J'ai deux mots à vous dire » et ne vous dire réellement que deux mots ?

Jamais ! Ça n'arrive jamais !

Le plus souvent, celui qui emploie cette expression (qui devrait en principe engendrer un discours extrêmement bref et radical), s'engage au contraire dans un laïus sans fin dont les mots commencent généralement par :

– J'ai deux mots à te dire, je n'ai pas du tout aimé que tu…

– J'ai deux mots à te dire, dans la vie…

– J'ai deux mots à te dire, je vais te retracer toute mon enfance, ainsi que celle de ma famille et…

La petite HISTOIRE

Dire deux mots et surtout *dire en deux mots* peut devenir un art, celui de dispenser une idée forte, un trait d'esprit avec une économie de mots. L'histoire regorge de ces saillies.

Ninon de Lenclos, courtisane et femme de lettres tenait salon où gens de cour et beaux esprits se retrouvaient. En 1700, elle avait quatre-vingts ans et ses amis lui reprochèrent l'aventure qu'elle entretenait encore avec un jeune gentilhomme. En deux mots, elle rétorqua : « Est-ce qu'on ne se chauffe pas en hiver ? »

* * *

Henri IV, fou amoureux de la marquise Henriette de Balzac d'Entragues, lui demanda par quel chemin il pouvait la rejoindre dans sa chambre. Avec délicatesse, la favorite lui répondit : « Sire, par l'Église. » Eh oui ! Comme l'écrit Douglas MacArthur (général américain) : « Les batailles perdues se résument en deux mots : 'trop tard'. »

Nous tenons pour premier responsable de cette hypocrisie Monsieur Pierre Corneille lui-même ! Ce scribouillard à la petite semaine a commis différentes pièces mineures, dont *Le Cid*. Cette pochade, indiscutablement cornélienne dans laquelle l'une des scènes les plus célèbres du théâtre commence, dans la bouche de don Rodrigue, par ce vers elliptique :

« À moi, comte, deux mots. »

Croyez-vous que Rodrigue n'emploie véritablement que deux mots pour lui dire ce qu'il a sur le cœur ? Que non ! Ce ne sont que palabres incessantes – manifestations de l'insolence, de l'arrogance et du mépris du jeune homme face au comte. Pour preuve, cette phrase devenue proverbiale : « Je suis jeune, il est vrai ; mais aux âmes bien nées la valeur n'attend point le nombre des années. »

Avouez que la scène aurait pris une autre tournure si le jeune Rodrigue avait entamé son dialogue avec plus d'honnêteté :

« À moi, comte, plusieurs mots, quelques trucs à vous dire.
Ça va prendre un peu d'temps car je suis fort en ire.
Si vous pensiez « *deux mots* », vous serez bien déçu,
Remettrez à plus tard vos courses au Super U. »

> MA VIE SE RÉSUME EN DEUX MOTS : SOLITAIRE – SOLIDAIRE.
> Victor Hugo

TANT À NE LUI RIEN DIRE

« J'AI DEUX MOTS À TE DIRE : SONIA VIENT DÉJEUNER MARDI TES CHAUSSETTES TRAINENT SOUS LE LIT MAMAN VA VENDRE SA VOITURE TU AURAIS PU PENSER AU PAIN EN RENTRANT JE NE SUPPORTE PAS COMME TU M'AS PARLÉ HIER SOIR LE ROBINET FUIT TOUJOURS **ET**... »

« ON AVAIT DIT QUE CE SOIR ON SORTAIT DÎNER ! »

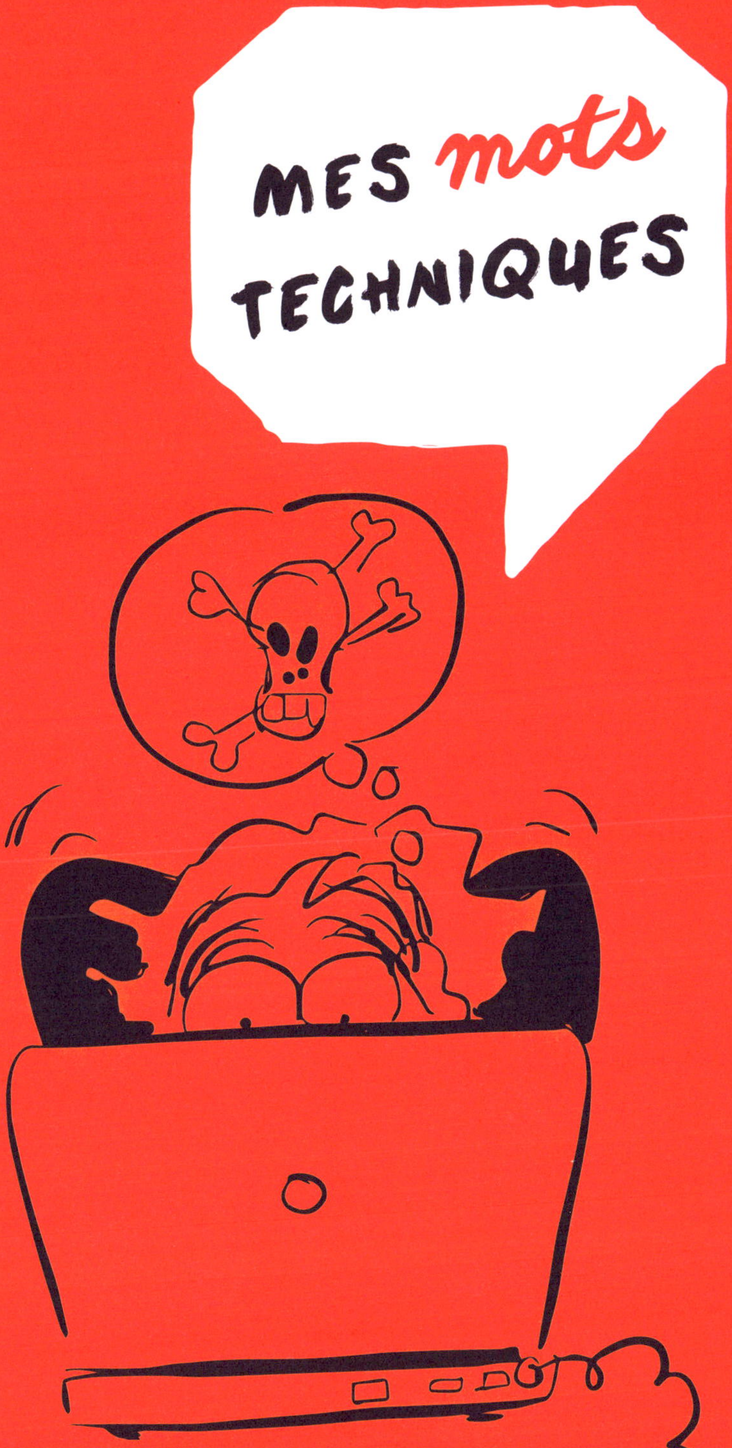
MES mots TECHNIQUES

LE MOT DE PASSE

Qui n'a pas versé dans l'hystérie devant les demandes d'authentification constantes des sites Internet ? C'est que ces exigences de mots de passe, dignes des plus sournoises conspirations secrètes du Moyen Âge, des mystérieuses chasses aux trésors et des grands films d'espionnage, sont notre quotidien informatique.

Alors qu'un simple prénom suffisait autrefois pour accéder à vos comptes et autres messageries, le niveau de sophistication de ces codes atteint aujourd'hui son paroxysme. Impossibles à *cracker* (mais propices à vous faire craquer), ils doivent désormais afficher au moins 65 caractères, contenir a minima une lettre majuscule, des chiffres, des caractères de ponctuation, un hiéroglyphe, une empreinte de pouce, une échographie du pied… et un raton laveur.

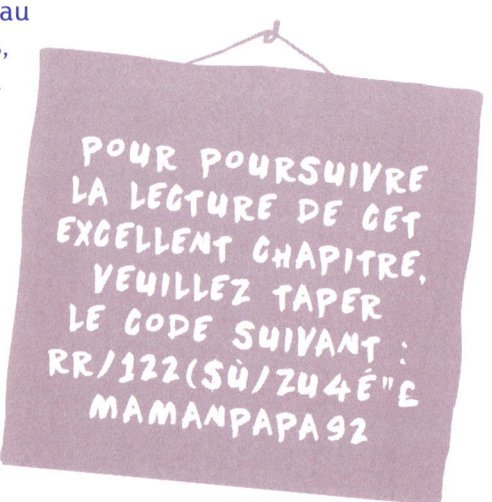

POUR POURSUIVRE LA LECTURE DE CET EXCELLENT CHAPITRE, VEUILLEZ TAPER LE CODE SUIVANT : RR/122($ù/ZU4é"£ MAMANPAPA92

Mot d'impasse

Au début, trouver un mot de passe était une simple formalité. Avec le temps, la composition de votre code est devenue beaucoup plus chronophage…

Créer votre mot de passe :
(1992) : « 0000 »
Votre mot de passe est un peu trop évident !
(1994) : « 123456 »
Votre mot de passe est utilisé par 12 millions de personnes.
(1998) : « 1234567Maman »
Bien tenté, mais trop fastoche !
(2000) : « MamanPapa92 »
Déjà pris !
(2010) : « MamanPapa92JaimeLesFrites69 »
Votre code doit comporter au moins 6 majuscules, 10 chiffres, un caractère de ponctuation… et on vous demande de vous calmer.
(2018) : « VERCINGÉTORIX1515Marignan!&MamanPapa92¥∞+Frites(3615ULLA) CÉBONLÀ? »

Votre mot de passe est enfin correct mais il est si compliqué que vous l'avez déjà oublié, et évidemment, vous ne retrouvez plus où vous l'avez noté, si toutefois vous avez pris cette peine. Vous serez alors contraint de répondre à une question si secrète qu'aucune personne ne pourrait y répondre… même pas vous : « Quel est le deuxième prénom du frère de la collègue du cousin de la nounou que vous aviez en 1998 ? »

En 2003, Bill Burr (employé de l'agence NIST : National Institute of Standards and Technology) a édicté les règles de protection des comptes en ligne. C'est lui qui avait notamment recommandé l'usage des chiffres, majuscules et autres caractères spéciaux pour notre protection. Aujourd'hui, le même (Excali) Burr annonce qu'il regrette ces standards perfectibles et prône désormais une sécurité basée sur une écriture plus simple grâce à une logique mnémotechnique (*TLPLDUP* : Telles Les Premières Lettres D'Une Phrase) ou phonétique avec des allographes (des suites de lettres n'ayant de sens que si celles-ci sont prononcées les unes après les autres). Souvenons-nous par exemple de *GACOBIAL* : « j'ai assez obéi à elle », proposé par Mozart dans une annotation d'une de ses partitions... Eh oui ! Ce célèbre compositeur était, comme tout le monde le sait, féru de nouvelles technologies et précurseur de l'écriture SMS !

> POUR AVOIR ACCÈS AU CHAPITRE SUIVANT : ENTREZ VOTRE IDENTIFIANT PUIS VOTRE MOT DE PASSE. CONFIRMEZ VOTRE MOT DE PASSE ET LE MOT DE PASSE DE VOTRE BELLE-SŒUR. LEVEZ LA MAIN DROITE ET DITES « JE LE JURE » MOT DE PASSE OUBLIÉ ? <u>CLIQUEZ ICI.</u>

La petite HISTOIRE

Le plus célèbre des mots de passe se trouve dans les *Contes des mille et une nuits*. Ali Baba et les quarante voleurs y emploient, dans le conte du même nom, la formule secrète « *Sésame, ouvre-toi !* » pour ouvrir les portes d'une grotte emplie de trésors mirifiques. Autant vous le dire tout de suite, vous pouvez toujours le tenter devant un coffre de banque… ça ne marchera jamais.

Il existe plusieurs hypothèses sur l'origine de cette expression. Désignant une graine du Moyen-Orient, la graine de sésame, dont on pressait le cœur pour en extraire de l'huile appelée « le sésame », permettait de graisser le gond des portes et ainsi, de les ouvrir. Comme les gousses contenant les graines de sésame éclatent à maturité pour délivrer ces dernières, on peut aussi émettre l'hypothèse que le conte assimilerait métaphoriquement le sésame à l'acte d'ouverture de la porte. Enfin, il est également possible que le mot *simsim* (« sésame ») soit une déformation de *timtim* signifiant « couvercle », « bouchon » ; autant de systèmes de fermeture représentant à merveille la plaque bloquant l'accès au trésor. Mais laissons à ce mot tout le mystère et la magie qui l'entourent…

LE MOT D'ORDRE

On se souvient tous du célèbre mot d'ordre « Sous les pavés la plage ! » qui a rassemblé les manifestants lors des évènements de Mai 68. Il fut très rapidement complété par les non moins célèbres : « Il est interdit d'interdire », « Faites l'amour, pas la guerre ! » qui s'apparentent plutôt à un *mot de désordre* général.

D'un point de vue syndical, le mot d'ordre (souvent chanté) est en général lancé par les organisateurs au cours d'une manifestation. Il fédère alors les participants autour d'une formule lumineuse et sans équivoque. « Tous ensemble… tous ensemble… Hay ! Hay ! » Indique qu'on ne se quittera plus. Du moins, dans la présente lutte.

Lorsque le mot d'ordre à l'arrivée de la manif est « Dispersion générale en bon ordre ! », il doit être respecté à la lettre, sinon les CRS auront la consigne d'imposer à grands coups de matraque le mot d'ordre du ministère de l'Intérieur, qui demeure sans appel et toujours le même : « Maintien de l'ordre ! »

Des ordres absolus

Le mot d'ordre peut être patriotique, guerrier et revanchard :

• « J'y suis, j'y reste ». Déclaration prêtée à Mac Mahon lors du siège de Sébastopol. En parlant de lui à la première personne, il donnait bien un ordre à ses quelques compagnons encore vivants.

• « Ni Dieu, ni maître ». Au départ, le nom d'un journal fondé par le socialiste Louis-Auguste Blanqui. Très vite, la formule est devenue une devise et enfin un véritable mot d'ordre pour le mouvement anarchiste.

• « ¡No pasarán! » était le cri de ralliement des Républicains en lutte contre les nationalistes du général Franco durant la guerre d'Espagne. Au début, slogan de la résistance antifasciste, ce mot d'ordre a servi et sert en multiples autres occasions.

• « Ils ne passeront pas ! ». Si la Citadelle souterraine de Verdun a joué un rôle décisif dans la victoire de la guerre de 14-18, c'est que ce célèbre mot d'ordre a retenti pendant des mois à travers le labyrinthe de la Voie sacrée (route stratégique historique qui relie Bar-le-Duc à Verdun, numérotée RD 1916) jusqu'au « Cessez-le-feu ! », dernier mot d'ordre salvateur avant l'Armistice.

Dans le domaine du sport, avouons-le, le mot d'ordre s'apparente davantage à une consigne. Autoritaire, certes, mais tout de même plus *fair-play*.

« On va gagner ! On va gagner ! On va gagner ! »
Il semble que cette exhortation fonctionne toujours en trois blocs.

« En avant Guingamp ! »
Mot d'ordre, qui, de simple mot d'ordre, est devenu le nom officiel de l'équipe.

« Tout le monde en attaque ! »
Ça sent la fin de match un peu ratée.

SCÈNE DE MÉNAGE

Dans le cadre familial, le mot d'ordre est généralement lancé à la cantonade :

« Les enfants à table ! »

Mot d'ordre rarement suivi d'effets immédiats. En cette circonstance, la mère de famille insiste une seconde fois et monte le ton...

Variantes : « au bain », « au lit », « rangez votre chambre », « pas de téléphone pendant le repas ».

> AUJOURD'HUI J'AI PLACÉ LA CHAMBRE DE MES ADOS EN VIGILANCE ON RANGE
> #Intempérires

ULTIMAMUM

Si vous avez pris vos bains, rangé vos chambres, si papa a préparé le dîner et m'attend avec un bouquet de fleurs, il ne vous sera fait aucun mal !

LE MOT MAGIQUE

Comme par désenchantement

FAIRE UN EFFET BEAUF

LE MOT D'EXCUSE

Disons-le tout de suite, en principe, on ne *s'excuse* pas, mais « on présente ses excuses », au même titre qu'on ne dit pas « je me pardonne » mais plutôt « veuillez me pardonner ».

« Je suis navré », « désolé », « pardon », « je regrette », « mille excuses »… Qu'importe la forme, on serait étonné de constater le nombre de fois où l'on fait amende honorable dans une même journée. Pour des petites choses insignifiantes ou de grosses erreurs.

Employée pour témoigner à quelqu'un son regret de l'avoir offensé, contrarié, gêné, l'excuse peut être aussi utilisée pour se soustraire à une obligation. Les ados sont en ce sens les champions du monde des justifications tordues pour ne pas débarrasser la table, ranger leur chambre, mettre leur linge sale dans le panier…

L'Éducation nationale est à coup sûr le grand témoin du génie employé par les enfants et leurs parents pour justifier l'absence de nos chères petites têtes blondes sur les bancs de l'école. Ces perles de mots d'excuse sont légion et fleurissent tous les ans sur les étals des libraires.

ET SI ON CRÉAIT
UNE APPLICATION
QUI GÉNÈRE DES
MOTS D'EXCUSE
ORIGINAUX ?
ON L'APPELLERAIT
IPADEQUOI.

Madame, le soir, je rentre du travail et je fais la cuisine et la vaisselle, et après, c'est le film. Quand est-ce que vous voulez que je fasse les devoirs de Bruno ? Salutations distinguées.

Mon fils ne sera pas présent demain car il sera malade.

Mon fils n'est pas venu en cours hier car il n'a pas trouvé l'école.

Monsieur, moi, je n'ai pas choisi d'être professeur. C'est donc à vous de trouver les arguments nécessaires pour que Germain fasse ses devoirs. Merci et bonne chance.

Ma grand-mère est encore morte. Donc je n'ai pas pu venir.

Madame, excusez le retard à Brandon, il m'a dit qu'il avait le vent de face en marchant.

La petite HISTOIRE

L'amende honorable consiste à reconnaître sa faute et à demander pardon. L'expression revêtait un sens bien plus grave au Moyen Âge et jusqu'au XVIIe siècle. Il s'agissait d'un aveu en place publique ou devant un tribunal. L'amende était dite honorable car elle atteignait l'honneur : en déshonorant le condamné, elle lui faisait payer pour la faute morale qu'il avait commise. Ce dernier était en effet présenté tête nue et nu-pieds, en chemise, la corde au cou, tenant parfois un cierge à la main. Et il n'était pas rare que, bien qu'empreint de contrition et demandant pardon à Dieu, à la société et aux hommes, il se fasse zigouiller dans la foulée.

De nos jours, en cas d'infraction au code de la route, vous pouvez toujours tenter de vous confondre en excuses, l'amende dont vous écoperez a peu de chances d'être d'un montant honorable…

LE MOT JUSTE

Le *mot juste* ou le *juste mot* est l'art de résumer en un mot ou en une simple formule toute une pensée. Il fait l'économie d'un pesant discours pour décrire une situation ou une réflexion avec une précision parfaite. Parfois, en la sublimant d'un trait d'esprit.

Le Petit Robert précise que le *mot juste* peut aussi vouloir dire « réel, véritable, exact, précis, authentique, logique, vrai, étroit, petit, collant, étriqué, court, limite ». Que de nuances susceptibles de tout changer dans une conversation !

Dans la frénésie d'une discussion tendue, ne vous est-il pas déjà arrivé de ne pas parvenir à trouver le terme adéquat, ce mot précis pour traduire fidèlement votre raisonnement ? En général, c'est le moment où vous dérapez et employez un mot proche, qui, hélas change le sens et fragilise votre discours, sinon trahit votre pensée, quand il ne vous fait pas dire le contraire de celle-ci. Vos intraitables interlocuteurs en profitent alors pour vous contredire sèchement. Vous vous enfoncez aussitôt car, piqué au vif et orgueilleux, vous tentez de justifier ce mot mal adapté. Et vous ramez pour vous rattraper : « Non, mais quand je dis que dans ton rôle de jeune premier tu fais très amateur, je ne voulais pas dire que tu joues comme un amateur... au contraire ! Je voulais préciser à quel point on sent l'amateur en toi ; l'amateur, celui qui aime, dans le sens gourmand de la chose théâtrale... Pourquoi tu pleures ? ».

Enduire en erreur

Ce tableau donne une idée d'autres types d'erreurs (syntaxique, lexicale) que l'on peut commettre.

On ne dit pas	Pourquoi
Merci Pierre pour l'invitation à dîner samedi, j'amènerai un gâteau et j'apporterai ma femme.	Parce qu'on *apporte* quelque chose et qu'on *amène* quelqu'un.
Je partirai de suite après le dîner.	On réussit à ne pas fumer *deux jours de suite* mais on part *tout de suite*.
J'ai fini second sur cent concurrents.	On n'est pas *second* mais *deuxième*. Si on est second c'est qu'on est « bon » dernier. N.B. : Parler de Seconde Guerre mondiale suppose donc qu'il n'y en aura pas d'autre…
J'ai deux alternatives.	Une alternative *suffit*.
S'avérer vrai. S'avérer faux.	Mon premier est un *pléonasme* et mon deuxième est un *contresens*.
Un plat soi-disant bio.	Comme si la nourriture pouvait *parler*.
Écoutez bien cela. Il est en retard, ceci m'inquiète.	*Cela* réfère à ce qui précède. *Ceci* annonce ce qui va suivre.
J'ai obtenu une prolongation de la route. J'ai obtenu un prolongement de délai pour mon mémoire.	Une *prolongation* est relative au temps alors que le *prolongement* représente une longueur.

Par un étrange phénomène de mimétisme avec son homologue anglais *(just)*, le mot *juste* a depuis quelques années été détourné du droit chemin, en perdant totalement son sens premier. Souvent employé en synonyme de « vraiment, totalement », il est maladroitement utilisé à toutes les sauces : « ce livre est juste génial », « cette robe est juste parfaite », « j'ai juste envie de dormir », « c'est juste juste ». De là à conclure que ce que l'on affirme est juste exact, on s'inscrit en faux !

S'il est un domaine où le mot juste et le juste mot doivent être employés avec autant de précision que de vigilance et de douceur, c'est celui de l'éducation. Les parents ont une grande responsabilité vis-à-vis de leur progéniture : ils doivent à la fois encourager, expliquer, guider, apaiser, enseigner, affirmer, et face aux flopées de questions posées, ce n'est pas toujours facile.

Bien entendu, la question la plus redoutée, qui survient un beau jour (ou peut-être une nuit) est « Papa/Maman, comment on fait les bébés ? ». À chaque parent de trouver son style parmi les cigognes (rares de nos jours), les choux et les roses (difficile à comprendre pour les petits citadins), la graine que papa met dans le ventre de maman (mais papa n'est ni chirurgien ni jardinier), le « va demander à papa/maman » (facile mais pas très courageux) et enfin « papa et maman se font des câlins parce qu'ils s'aiment très fort » (donc je peux avoir un bébé avec mon doudou ?).

Il arrive que les mots justes soient profondément injustes. Notre langue aussi reflète trop souvent les siècles de domination masculine et sexiste.

Un gars, c'est un jeune homme. Une garce, c'est une femme méchante.

Un péripatéticien est un élève d'Aristote. Une péripatéticienne est une prostituée.

Un homme public est un homme célèbre. Une femme publique est une prostituée.

Un homme sans moralité est un politicien véreux. Une femme sans moralité est une femme de petite vertu.

Un homme qui fait le trottoir est un paveur. Une femme qui fait le trottoir est une prostituée.

Un professionnel est un homme qui maîtrise sa technique. Une professionnelle, c'est une prostituée.

Un homme facile est un homme agréable à vivre. Une femme facile, c'est une femme aux mœurs légères…

Un courtisan est proche du roi. Une courtisane, c'est une femme entretenue, d'un rang social élevé.

Un entraîneur entraîne les sportifs. Une entraîneuse, c'est celle qui incite les clients à consommer dans des bars à hôtesses.

MOT-SOGYNIE AMBIANTE…

Laissons le dernier exemple à un spécialiste des mots, un des plus grands grammairiens et philologues, Émile Littré. Non content d'écrire des ouvrages de philosophie et d'avoir acquis la célébrité grâce à son *Dictionnaire de la langue française*, l'homme n'en était pas moins homme.

Un jour qu'il se trouvait au lit avec sa maîtresse, madame Littré déboula dans la chambre et poussa un haut cri : « Monsieur, vous me surprenez ! ». Et le philologue, rattrapé par son démon de la précision lexicale (et peut-être par son démon de minuit), rétorqua : « Non ! C'est nous, Madame, qui sommes surpris. Vous, vous êtes étonnée ». Tant qu'on y est... Saviez-vous que *Littré* vient du mot *lettré*, autrefois synonyme de *clerc* ? Au Moyen Âge, au-delà de l'ecclésiastique, le clerc désignait également une personne érudite. C'est très clair (de notaire), nous avons tapé dans l'Émile. Bref, Littré, en voilà un qui porte bien son nom !

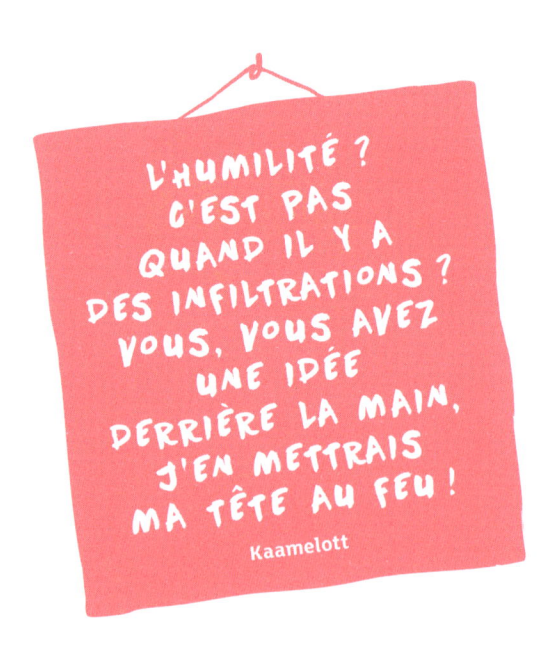

> L'HUMILITÉ ?
> C'EST PAS QUAND IL Y A DES INFILTRATIONS ?
> VOUS, VOUS AVEZ UNE IDÉE DERRIÈRE LA MAIN, J'EN METTRAIS MA TÊTE AU FEU !
>
> Kaamelott

AVOIR RÉPONSE À RIEN

MAMAN ! COMMENT ON FAIT...

LA MOUSSE AU CHOCOLAT ?

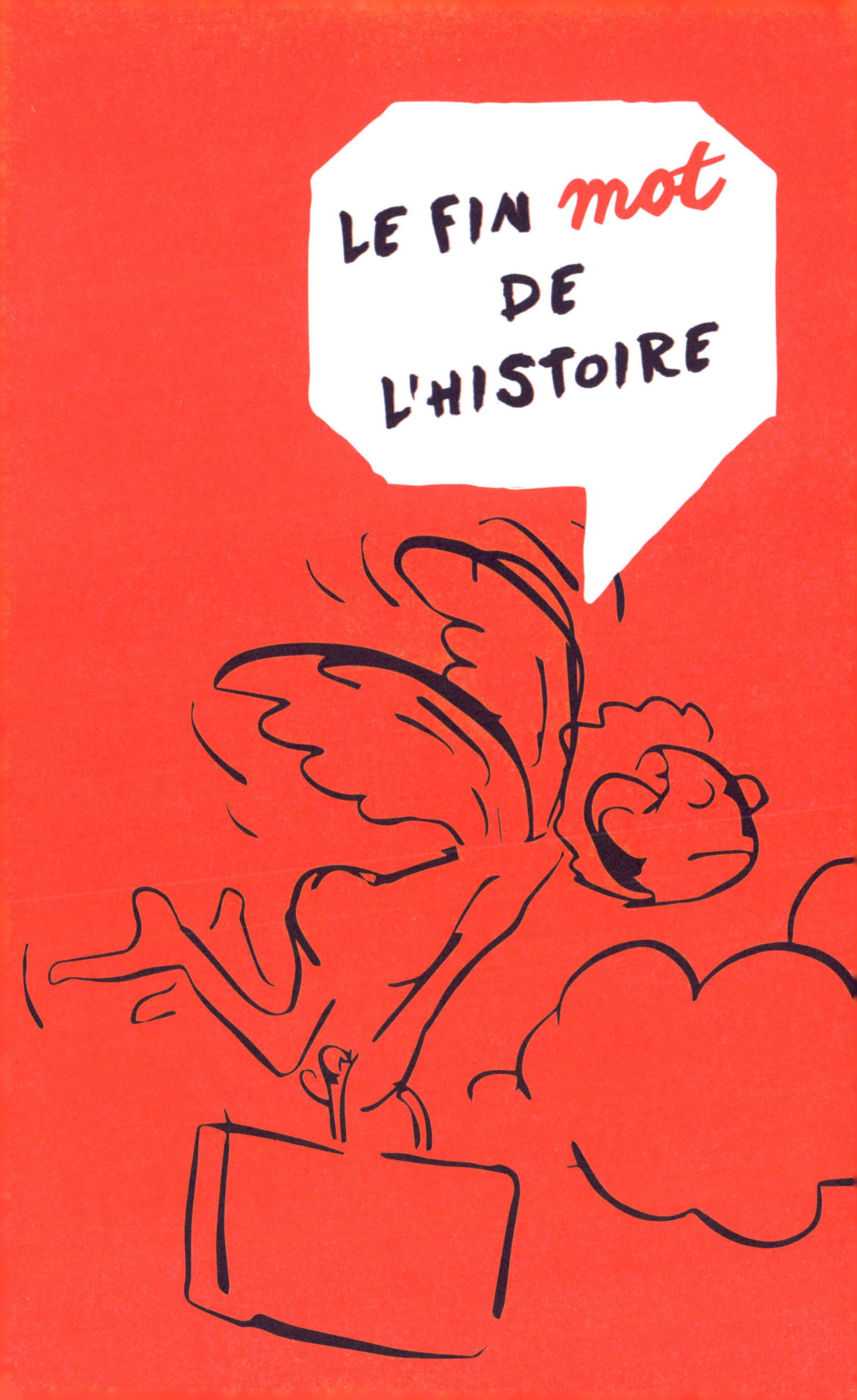
LE FIN mot DE L'HISTOIRE

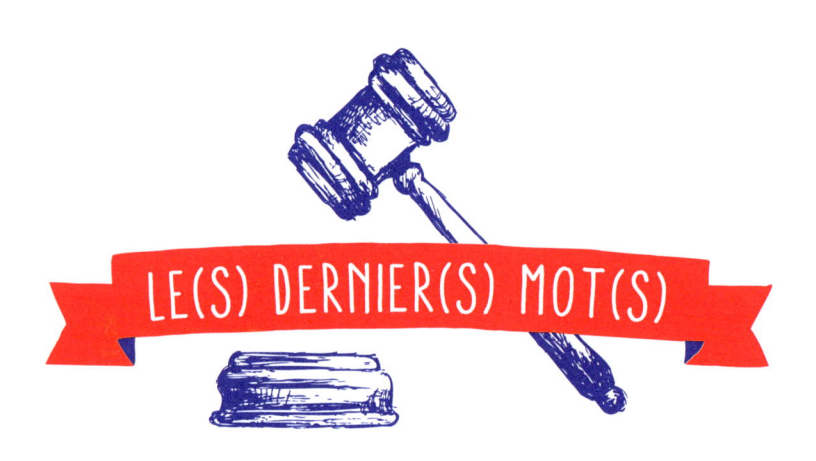

LE(S) DERNIER(S) MOT(S)

Attention, il ne faut pas confondre « le dernier mot » et « les derniers mots » (épilogues) avec « les tout derniers mots » qui feront l'objet de quelques « mots de fin » dans « le mot de la fin »... tout à la fin. Mais ne dévoilons pas ici « le fin mot de l'histoire ».

Que ce soit lors de discussions familiales, de réunions professionnelles ou de débats politiques, l'homme a une propension naturelle à vouloir dominer son interlocuteur, à lui clouer le bec, à prendre l'avantage en maîtrisant l'échange. « Avoir le dernier mot », c'est donc clore le débat en imposant son point de vue, *stricto sensu*. C'est avoir raison de son adversaire... sans forcément avoir raison, qui plus est.

En amour, le dernier mot peut venir très tardivement :
– Allez, mon chéri, je raccroche.
– Oh non, encore un peu.
– On se voit demain soir...
– S'il te plaît !
– J'ai réunion. À trois, je raccroche.
– Non, c'est moi. Tu m'aimes ?
– Oui, mais il faut que j'y aille...
– Alors, dis-moi que tu m'aimes.
– Je t'aime, mon amour, mais je dois absolument...
– Dis-le moi encore...
Etc., etc., etc.

PETITE COMPILATION

> Dans la conversation, gardez-vous bien d'avoir le dernier mot le premier.
> *Sacha Guitry*

> Tout homme s'offre le luxe inestimable de prononcer son premier et son dernier mot.
> *Théodore Kœnig.*

> N'essayez pas d'avoir le dernier mot. Vous pourriez l'avoir.
> *Robert Heinlein*

> La médecine doit avoir le dernier mot et lutter jusqu'au bout pour empêcher que la volonté de Dieu soit faite.
> *Romain Gary*

> On peut avoir le dernier mot avec une femme, à la condition que ce soit Oui.
> *Alfred de Musset*

À votre avis, quel est... le dernier mot du dictionnaire ? Dans certains dicos, c'est *zythum* ou *zython* (bière que les Égyptiens faisaient avec de l'orge germée), certes utile au Scrabble, quoiqu'assez peu usité dans le langage quotidien. Mais dans *Le Petit Robert*, le tout dernier mot est « *zzzz...* » : « onomatopée décrivant un bruit continu qui vibre légèrement (bourdonnement d'insecte, ronflement, son d'un coup de fouet, etc.) ».

Gageons que dans l'édition 2032 sera mentionné le « zzzzZZZZzzzz » : mouche sur une mobylette qui passe devant un écran d'ordinateur en dormant.

> L'AMOUR COMME UN VERTIGE, COMME UN SACRIFICE, ET COMME LE DERNIER MOT DE TOUT.
> **Alain-Fournier**

La petite HISTOIRE

Dans la mythologie grecque, Écho, nymphe des forêts, fut accusée par Héra, femme de Zeus, de trop bavarder pour l'empêcher de surveiller les infidélités de son mari. Héra lui ôta alors la parole et lui jeta le sort suivant : « Tu auras toujours le dernier mot, mais jamais tu ne parleras la première ». Écho, éprise de Narcisse, fut alors incapable de lui dévoiler ses sentiments et périt d'amour, jusqu'à se transformer en une simple voix, l'écho. Quand avoir le dernier mot fait mal, fait mal, fait mal…

S'il est un bien un terme qui définit les derniers mots d'une œuvre, d'un film, d'une pièce de théâtre… C'est l'*épilogue*, opposé au *prologue*.

Selon le *Dictionnaire historique de la langue française*, *épilogue* est un emprunt (1339-1348) au latin *epilogus*, du grec *epilogos* « péroraison », composé de *epi* (« après ») et de *logos* (« discours »).

En parlant de l'Antiquité, il désigne (fin XVIIe) une petite allocution en vers récitée par un acteur à la fin d'une représentation pour demander l'approbation du public. *Épilogue* s'est employé aussi au féminin jusqu'à la fin du XVIIIe siècle.

Dans le monde cycliste, l'épilogue est la dernière étape de la course, trop souvent remportée par des sportifs dopés. Mais n'épiloguons pas, sinon à vélo tout partirait à vau-l'eau !

C'EST VOTRE DERNIER MOT ?

Revenons-en au dernier mot, lorsqu'il devient pluriel, il évoque la disparition. C'est bien triste ! Car pour tout un chacun, son dernier mot n'est que ses derniers mots. En général, ce n'est même plus un mot d'ailleurs, mais plutôt une onoMORTopée :

« AAAaarggg…… »

> MA BOULANGÈRE ÉTAIT AU BOUT DU ROULEAU. ELLE EST DEVENUE RELIGIEUSE. À SA MORT, TOUTE SA VIE A DÉFILÉ DEVANT SES YEUX EN UN ÉCLAIR !
>
> #TweetÀ2000Calories

Droits d'auteur

Remettez dans l'ordre cette série de « derniers mots » pour les associer à leurs vrais auteurs.

1. La Bible	a. Et n'oublie pas le pain !
2. V. Giscard d'Estaing quittant le pouvoir	b. Libres enfin ! Libres enfin ! Merci, Dieu Tout-puissant, nous sommes enfin libres !
3. « Ne me quitte pas » de Jacques Brel	c. POOO PO PO PO PO POO PO POOO POOO POOO !
4. Ma femme ce matin	d. Au revoir…
5. *Dom Juan* de Molière	e. Amen.
6. Discours de Martin Luther King (au Lincoln Memorial, le 28 Août 1963)	f. Je crois qu'on a fini… Allez, on envoie à l'éditeur. Zou !
7. Après la victoire de l'équipe de France au Mondial	g. Et j'ajoute à ma lyre une corde d'airain.
8. « Ami, un dernier mot » de Victor Hugo	h. Ne me quitte pas.
9. Nous, dans ce bouquin	i. Sganarelle : Mes gages ! Mes gages ! Mes gages !

a = 4, b = 6, c = 7, d = 2, e = 1, f = 9, g = 8, h = 3, i = 5

LE MOT DE LA FIN

Le fin mot de l'histoire... Nous y voilà ! Il fallait bien que cela arrive... Cette expression n'augure rien de très réjouissant. Tant qu'elle conclut un discours, on ne lui en veut pas, ni même lorsqu'elle se contente d'achever une conversation. Elle peut même rendre hommage à une personne remarquable : « ...et je laisserai le mot de la fin à mon ami gnagnagna qui nous a fait l'honneur de gnagnagna... ; nous nous retrouverons ensuite autour d'un petit verre de l'amitié, gnagnagnagna... ».

Période décès

Mais hélas, il faut se rendre à l'évidence et surtout entendre dans cette formule que la fin c'est bien celle de la vie. « Le mot de la fin » est la dernière parole passée à la postérité. Enfin... si vous n'êtes pas *bankable* ou suffisamment populaire, vous pourrez toujours décocher une magnifique saillie sur votre lit de mort, personne ne la prendra en note pour les siècles des siècles...

À la croisée des mots

Pour les amateurs de sport cérébral, il n'est pas rare de rencontrer des définitions utilisant l'expression « mot de la fin ». Nous avons tenté de les rassembler dans une grille unique.

HORIZONTALEMENT
A. Sur les tablettes.
B. Au pied de la lettre.
C. La messe est dite.

VERTICALEMENT
1. En rupture.
2. Y voir clerc.

A. épitaphe – B. PS – C. amen – 1. adieu – 2. testament

LE FIN DU FIN DES MOTS DE LA FIN

> Je vais enfin pouvoir revoir Marilyn.
> — Joe DiMaggio

> Des ténèbres, oh ! Des ténèbres !
> — Guy de Maupassant

> Toi aussi, mon fils.
> — Jules César

> Dormir, enfin je vais dormir !
> — Alfred de Musset

> Laissez-moi rejoindre la maison de mon Père.
> — Jean-Paul II

> Enfin, on va jouer ma musique !
> — Hector Berlioz

> Laissez-moi seul, je vais bien.
> — Barry White

> Tirez le rideau. La farce est jouée.
> — François Rabelais

> On m'a tiré dessus !
> — John Lennon

Le mot de la fin

LES DERNIERS MOTS QUI N'AURAIENT JAMAIS DÛ ÊTRE LES DERNIERS

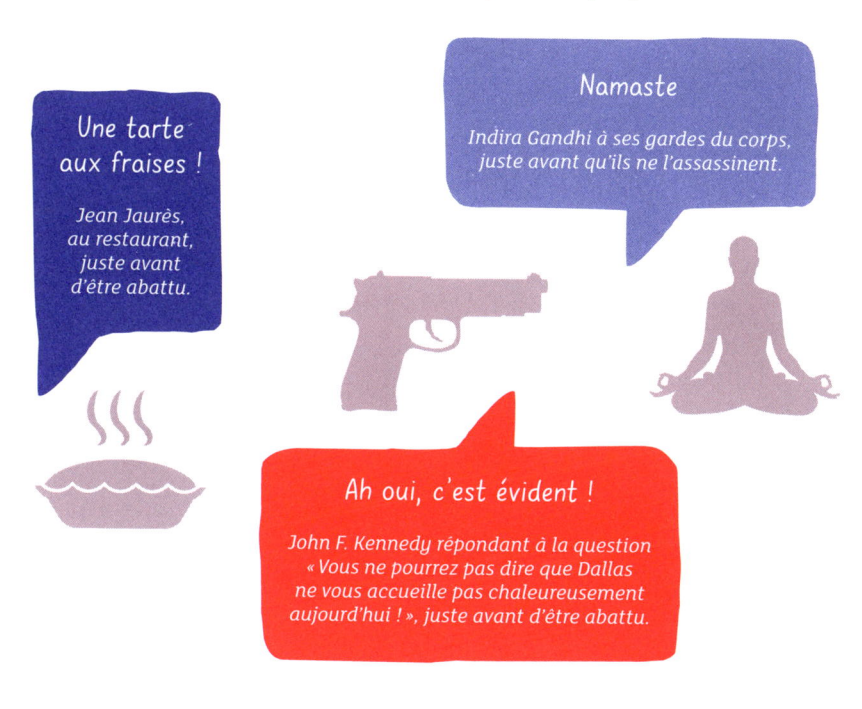

Une tarte aux fraises !
Jean Jaurès, au restaurant, juste avant d'être abattu.

Namaste
Indira Gandhi à ses gardes du corps, juste avant qu'ils ne l'assassinent.

Ah oui, c'est évident !
John F. Kennedy répondant à la question « Vous ne pourrez pas dire que Dallas ne vous accueille pas chaleureusement aujourd'hui ! », juste avant d'être abattu.

ET CEUX QUI AURAIENT PU ÊTRE DITS

J'en pleut plus de ce quinquennat.
Hollande

Bon bain, salut !
Marat

J'y croix pas !
Jésus

Un dernier mot pour la longue route ?

David est en train d'agoniser. Il fait venir son fils.
— Yaël, je sens une délicieuse odeur de strudel. Demande à ta mère de m'en donner un bon morceau avant que je meure.
Yaël fonce en cuisine et revient aussitôt.
— Pardon papa, maman dit qu'elle ne peut pas t'en donner. C'est pour après l'enterrement.

Un vieil homme se fait renverser par une voiture. Il gît sur le trottoir. Un policier accourt. Il appelle une ambulance mais un curé s'approche. Constatant son état désespéré, il lui pose des questions :
— Croyez-vous en la Sainte Trinité, le Père, le fils et le Saint-Esprit ?
Le vieux monsieur ouvre les yeux et faiblement prend à témoin les badauds.
— Je suis allongé, ici, en train de mourir, et lui, il joue aux devinettes...

La petite HISTOIRE

Rares étaient nos ancêtres qui ne croyaient pas en Dieu. Or, le ou les mots de la fin, souvent établis sur des testaments, avaient à voir à l'origine avec la religion. Les dernières volontés des testateurs, dictées *in extremis* auprès du notaire (on ne savait que rarement lire et écrire) étaient en effet davantage destinées à recommander son âme auprès du bon Dieu qu'à distribuer ses quelques biens matériels aux vivants. Ces testaments commençaient par de longues prières, invoquant tous les saints, tous les patrons, « toute la cour céleste », les anges et la Vierge Marie. Ce n'est qu'après cette litanie rédigée aux petits oignons que commençait l'acte proprement dit. Il s'agissait de fonder des messes (messes basses, neuvaines, messe à perpétuité…) pour le repos de son âme, et pour les plus riches, de réclamer deux ou trois services religieux quotidiens dans leur paroisse jusqu'à une période donnée. Car ces mots de la fin étaient évidemment payants… Ce n'est qu'en toute fin de liste que le testateur léguait quelques valeurs à sa famille et à ses servantes.

LE MOTKING OFF

Yves : Cécile ! J'ai une idée de bouquin... une sorte de dictionnaire du mot *mot*, à la fois didactique et souriant. Ça te tente ?
Cécile : Top ! Mais tu crois que ça peut intéresser un éditeur ?
Yves : Je ne sais pas... on verra bien.
Cécile : Mais tu crois que ça peut intéresser des lecteurs ?
Yves : Je ne sais pas... on verra bien. Tu veux faire ce livre avec moi ?
Cécile : Je ne sais pas. On verra bien.

Cécile : On y va ? Si ça se trouve, on va rencontrer Alain Rey dans l'immeuble.
Yves : Arrête, je suis en tongs !
Cécile : Je ne sais pas si ça peut remettre en cause la signature de notre contrat.

Cécile : Qu'est-ce qu'on avait dit avec « les mots-valises » ?
Yves : Que ce chapitre est trop compliqué !
Cécile : On le fait pas alors ?
Yves : ...
Cécile : bon.

Yves : Tu reveux un thé ?
Cécile : Tu restes assis et on finit le chapitre ! Aujourd'hui, ça n'avance vraiment pas !
Yves : Bon... je vais me faire un café.
Cécile : Tu pourras me rapporter un thé ?

Cécile : Tu dors ?
Yves : Hein ? Non, non...
Cécile : Si, tu dors.
Yves : Non, je cherche un mot dans le dictionnaire.
Cécile : Depuis 47 minutes, avec les yeux fermés ? Ça s'appelle tu dors.

Yves : Oh la vache ! J'ai travaillé toute la nuit sur « les gros mots ». Je suis crevé mais j'ai eu plein d'idées.
Cécile : Attends ! T'es mignon, mais... on l'a déjà traité ce chapitre et il a été validé par les éditrices.
Yves : Hein ?! Alors on fait quoi ?
Cécile : Tu jettes et tu attends les ordres.
Yves : Oui madame.

Yves : On a reçu les corrections de Bérengère et de Tara ?
Cécile : Oui. C'est entièrement rayé mais elles disent qu'elles adorent.

Cécile : Tu as vérifié ce que le *Dictionnaire historique de la langue française* dit sur le « palindrome » ?
Yves : Oui. « *Oui* est un adv. et une interj. D'abord *ouy, ouil* (1380), est issu de l'ancienne particule affirmative *oïl* employée au nord de la Loire et correspondant à *oc* au sud (*oc*, occitan). Cette particule s'analyse en *o-il* ; elle est composée (1080) du très ancien français *o* (842), issu du latin *hoc* « cela », d'où « cela est », neutre du pronom démonstratif *(hic)* ».
Cécile : En gros... oui, quoi.
Yves : Oui.

Yves : Ah, Cécile ! Je suis en train de travailler sur le « traître mot » et j'ai trouvé un super intertitre : Judas nana. Tu en penses quoi ?
Cécile : Qu'on devrait bosser un peu...

Cécile : Tu as terminé ton dessin sur « le mot d'excuse » ? C'est urgent.
Yves : C'est que... au moment de le passer à l'encre, ma petite

fille a pris la feuille et a dessiné dessus et renversé son jus d'orange et puis on a eu un dégât des eaux et...
Cécile : Oui. En fait tu ne l'as pas fait ?
Yves : Voilà.

Yves : Je viens de relire toutes tes corrections sur les « mots d'amour » et certaines choses ne me semblent pas claires.
Cécile : Ah bon ? On avait bien revu ensemble, pourtant...
Yves : C'est quoi cette phrase : « C'est en 1496 que Saint Valentin devient officiellement le saint patron des amoureux et Léa n'en fait qu'à sa tête à l'école mais je vais aller voir la directrice et ça va barder... » ?
Cécile : Ah merde ! Un mauvais copié/collé ! J'ai confondu deux dossiers ! Renvoie-moi le fichier, je vais corriger.
Yves : C'est que... je l'ai déjà envoyé à l'éditrice.
Cécile : Yves ?
Yves : Oui ?
Cécile : T'es con.

Cécile : C'est à quel étage, déjà ?
Yves : Cinquième.
Cécile : Ah oui. Tu penses qu'à la soirée de lancement du livre il y aura Alain Rey ?
Yves : Je sais pas. Pourquoi ?
Cécile : Tes tongs !!

ÊTRE À LA AUTEUR

SOMMAIRE

AU COMMENCEMENT ÉTAIT LE VERBE
Chap.1 • les premiers mots — 6
Chap.2 • les mots d'enfants — 12

LES MOTS, L'ÉMOTION
Chap.1 • les mots bleus — 20
Chap.2 • les mots qui chantent — 26
Chap.3 • les mots qui riment — 30
Chap.4 • le mot d'encouragement — 36
Chap.5 • les mots d'amour — 38

DES MOTS QUI DÉTENDENT
Chap.1 • les mots croisés — 48
Chap.2 • les mots fléchés — 54
Chap.3 • les jeux de mots — 56
Chap.4 • les mots d'esprits — 70
Chap.5 • les mots d'auteur — 74

RIPE LE MOT
Chap.1 • un mot de travers — 80
Chap.2 • ne pas mâcher ses mots — 82
Chap.3 • les mots à ne pas dire — 88
Chap.4 • les gros mots — 96
Chap.5 • les mots crus — 102
Chap.6 • les mots d'argot — 108

DES MOTS PAS COMMODES
Chap.1 • chercher ses mots — 116

Chap.2 • les mots me manquent	122
Chap.3 • le mot sur le bout de la langue	128
Chap.4 • être avare de ses mots	134
Chap.5 • les mots qui n'ont aucun sens	138
Chap.6 • les mots illisibles	144
Chap.7 • le traitre mot	148

MESUREZ VOS PROPOS

Chap.1 • les familles de mots	156
Chap.2 • le poids des mots	162
Chap.3 • les mots qui en disent long	166
Chap.4 • jamais un mot plus haut que l'autre	168
Chap.5 • les grands mots	172
Chap.6 • en un mot	176
Chap.7 • j'ai deux mots à te dire	178

MES MOTS TECHNIQUES

Chap.1 • le mot de passe	184
Chap.2 • le mot d'ordre	188
Chap.3 • le mot magique	192
Chap.4 • le mot d'excuse	194
Chap.5 • le mot juste	198

LE FIN MOT DE L'HISTOIRE

Chap.1 • le(s) dernier(s) mot(s)	206
Chap.2 • le mot de la fin	212
Chap.3 • le motking off	218

RESPONSABLE ÉDITORIALE
MÉLANIE LOUIS

ÉDITION
BÉRENGÈRE BAUCHER
TARA MAZELIÉ

SECRÉTAIRE D'ÉDITION
NADINE NOYELLE

CRÉATION GRAPHIQUE
LAURIANE TIBERGHIEN

DESSINS
YVES HIRSCHFELD

CORRECTION
MÉRYEM PUILL-CHÂTILLON
ANNE-MARIE LENTAIGNE

FABRICATION
STÉPHANIE PARLANGE

Crédits photo : couverture Lauriane Tiberghien ; p. 6 © danielabarreto ; p. 7 © SkyPics Studio ; p. 8 © majivecka ; p. 9 © Jemastock ; p. 10 © shockfactor.de ; p. 12 © VIGE.co ; p. 13 © WladD/Natwood/RedlineVector/Serhiy Smirnov ; p. 14-15 © Guz Ana ; p. 21 © akininam ; p. 22-23 © soleilc1/natis/panptys/barks/gorovits/CELINE ; p. 24-25 © yummytime/pandavector/sudowoodo/drvector/LovArt ; p. 26 © Yoko Design ; p. 28 © yummytime ; p. 29 © karpenko_ilia/Lightkite/lineartestpilot/veronchick84 ; p. 30 © yummytime ; p. 31 © Glebova Galina ; p. 35 © Maks TRV ; p. 36 © sabelskaya ; p. 38 © Two Vectors ; p. 40-41 © kaisorn/Liashenko Iryna/Oliver Hoffmann/Supza/A_KUDR ; p. 42 Pavlo Plakhotia ; p. 43 © franciscojose ; p. 44 © tantrik71 ; p. 45 © spoorloos ; p. 48 © mid0ri ; p. 56 © dark_ink ; p. 57 © liubov ; p. 58-59 © Makhnach/thirteenfifty/asmati/grgroup/nazar12 ; p. 60 © bluebright/yavyav ; p. 61 © jan stopka ; p. 62-63 © nikvector ; p. 64-65 © eyewave ; p. 70 © eireenz ; p. 71 © Athanasia Nomikou ; p. 72-73 © pakkad/wektorygrafika/ylivdesign/Julia/Fiedels/oksanaoo ; p. 74 © hchjjl ; p. 75 © Marina ; p. 76 © vladvm50 ; p. 80 © alya_haciyeva ; p. 83 © soleilc1 ; p. 84 © yan4ik ; p. 85 © Glebova Galina ; p. 86 m.studio © ; p. 87 © yummytime/dmitrydesigner/Jemastock/sumkinn ; p. 88 © Kreatiw ; p. 89 © Victor Tongdee ; p. 91 © kotomoto ; p. 93 © CECILE/majivecka/Jemastock ; p. 96 © joyskyfranzi ; p. 97 © Vasiliy Voropaev ; p. 99 © ivivankeulen/pandavector ; p. 102 © intueri ; p. 103 © Victor/keltmd ; p. 105 © vectomart/soleilc1/jan stopka/juliars ; p. 106 © franciscojose ; p. 108 © rudall30 ; p. 111 © Gstudio Group/Bobo/stalkerstudent ; p. 112 © lynea ; p. 116 © shorena ted ; p. 119 © alekseyvanin ; p. 120-121 © mochipet ; p. 122 © teploleta ; p. 123 © Adrian Niederhäuser ; p. 125 © nadia1992/Showcaze/mochipet ; p.126 © branchecarica ; p. 127 © _panya_ ; p.130 © Arcady ; p. 132-133 © Elena Show ; p. 134 © Perysty ; p. 136-137 © Santi ; p. 138 © Gstudio Group ; p. 140-141 © Hein Nouwens ; p. 142 © Bokica ; p.143 © Konovalov Pavel/Piktoworld/tcheres/Larry Rains ; p. 144 © Sonya illustration ; p. 145 © Siarhei ; p. 148 © grgroup ; p. 149 © anar17041981 ; p. 152-153 © anikinae ; p. 156 © Amili ; p. 157 © oleg7799 ; p. 159 © Marina ; p. 160-161 © raven ; p. 162 © Kreatiw ; p. 164 © Anthonycz/sergey89rus/martialred ; p. 165 © theerakit ; p. 166 © nikiteev ; p. 168 © Kreatiw ; p. 170-171 © ONYXprj ; p. 172 © jenesesimre ; p. 173 © martialred ; p. 176 © neuevector ; p. 178 © neuevector ; p. 179 © pandavector ; p. 184 © Kreatiw ; p. 188 © Hulinska Yevheniia/kid_a ; p. 192 © Epine ; p. 194 © nikiteev ; p. 195 © tanyushka81_81/mochipet ; p. 196 © grgroup/Arcady/ashva73/aguiters/yummytime ; p. 197 © Kreatiw ; p. 198 © ~Bitter~ ; p. 199 © micky2paris75 ; p. 206 © Kreatiw ; p. 207 © martialred/rizal999/Supza/Arcady ; p. 208-209 © ashva73 ; p. 212 © grgroup ; p. 214-215 © vladmark/Miceking/Arkilon/asmati/ssstocker/Gstudio Group/alekseyvanin/sudowoodo/Marina/RedlineVector ; p. 216-217 © TabitaZn ; p. 218 © Kreatiw ; p. 220 © Kreatiw ; p. 222 © snyGGG.

© Le Robert, 2018. 25, avenue Pierre-de-Coubertin - 75013 Paris
ISBN : 978-2-32101-278-8

N° éditeur : 10240386 - Dépôt légal : février 2018
Imprimé en France en janvier 2018 par Laballery - N° 801130